目次

JN113447

第Ⅱ部　施策・事業化のためのノウハウ

頑張ろう社会教育行政職員！

　みなさんこんにちは。本書は雑誌「社会教育」において平成29年5月号から令和元年10月号まで掲載された「社会教育行政職員のための施策立案の『虎の巻』」を編集しまとめたものとなっています。

　社会教育行政の取組がよく分からず、「社会教育行政にどう取り組めばいいか分からず自信がない」、「やりたいことはあるけれど、どのように実行に移せばいいのか分からない」という方々は、軽い気持ちで本書を読んでいただければ幸いです。きっと、読み終える頃には、何らかのヒントを得ることができると期待しています。

　また、社会教育行政を何年か経験されて、毎年の予算要求に苦労されている方々を応援する内容にもなっています。要求書の作成に窮したときには、本書を開いて頂ければと思います。

　社会教育行政は社会教育法や図書館法、博物館法等に基づいて行政施策を進めていく役割があります。図書館は司書が、博物館は学芸員が専門職として採用されることがおおいため、長く社会教育行政に携わることができ、その専門的知識や技術、そして様々なノウハウを伝承することができます。

　それに対して、社会教育主事や公民館主事の勤務年数については、社会教育主事が66.4%、公民館主事については74.7%が5年未満となっており（平成23年度「生涯学習センター・社会教育施設の状況及び課題分析等に関する調査」報告書）、非常に短くなっている傾向があります。その結果、業務を遂行するのに必要なノウハウが十分に引き継がれないまま、人事異動を繰り返してしまう状況が見られます。また、社会教育主事講習を受講できる経験を重ねて、社会教育主事講習を受講して資格を得ても、次の年度には異動ということがよくあるケースになっています。

　社会教育行政を知った職員が、他の部局で活躍することは、ネットワーク型行政の視点として、それはそれで良いことなのですが、肝心の社会教育行政の施策についても、そのスキルを生かして展開してほしいものです。

　一方で、社会教育行政を取り巻く状況も厳しい面があることは否めません。文部科学省の社会教育調査によると、公民館数については、平成8年には1万7,819館であったものが、平成27年度には1万4,171館まで減少しています。社会教育主事の発令状況についても年々低下している状況であり、平成8年には91.3%であった市町村の社会教育主事配置率（派遣社会教育主事を含む）は、平成27年には52.6%まで低下しています。予算や人員の削減などの影響により、職員が社会教育主事講習を受講すること自体が難しくなっている状況もあります。このような状況を見ると、社会教育行政の推進体制は十分ではなくなってきていることが否めない状況となっています。

　平成27年12月に中央教育審議会より出された、「新しい時代の教育や地方創生の実現に向けた学校と地域の連携・協働の在り方と今後の推進方策について（答申）」（以降「協働答申」と記す）を受けて、社会教育行政が今追い風だ！と感じている職員の皆さんも多いはずです。学校教育と社会教育の今後の在り方が、包括的に未来志向で示されている「協働答申」は、施策の種がたくさん詰め込まれた『施策の宝石箱』だと思います。今こそ、これまで各自治体の社会教育行政において、密かに温めていた取組を、施策化・事業化する好機であると考えます。

　ただし、これまでの人的・財政的な削減傾向

の中で、社会教育行政としての施策や事業の企画立案が難しい状況もありました。社会教育行政は、予算をかけずにソフト面の充実を図ることで、その足場を守ってきたという面もあります。ある意味「貧乏慣れ」してきたということでもあり、推進計画等にこれから実施したいことをきちんと盛り込んでいる状況も少なく、チャンスが来たといっても、すぐに動けない状況もあることが推察されます。

　だからこそ、社会教育行政職員は、先を見通し、やるべきことを考え、実行までの手立てを行い、取組の成果をきちんと評価するという、戦略的な行政職員として活躍していく必要があります。そして、この追い風のチャンスの中で、さらに大きな風を起こして、力強い社会教育行政をみんなで構築していくことが求められます。

　本書では、求められる社会教育行政職員像を以下のように捉え、必要な知識や技術について説明していきます。

（1）戦略的な施策立案ができる職員

　施策の立案においては、現状を捉えながら、目指す地域像を描き、地域に何が足りなくて何が必要かを明らかにしていくことが第一歩となります。そのためには、全庁的に行われている施策を熟知し、ネットワーク型行政の中で教育行政としての立ち位置を確認しながら、行うべき「施策のターゲット」を明確にしていく必要があります。

　さらに、それら施策を実現するためには、「社会教育計画」や「生涯学習推進計画」等に実施したい施策を位置付けていくスキルが求められます。それらの計画に位置付けていくためには、日頃から施策化に向けた「エビデンス」の収集を行っていくことが必要です。教育分野に限らず、各種状況調査や質問紙調査から、施策化に向けた説得力のあるデータを蓄えておく必要があります。また、数値的なデータとともに、「社会教育委員会議」や「生涯学習審議会」等の附属機関からその必要性を提言してもらうことや、議会答弁等で取り上げてもらうことも重要となります。

　さらに、施策の企画・立案段階から、事業成果を指標として表し、その指標を説得あるデータとして機能するよう準備する必要があります。そして、施策を実行していく場面でも、事業の成果を絶えずチェックし、次の施策を考えていく必要もあります。これら一連の流れを実現できれば、自信を持って円滑に施策を推進していくことができるでしょう。これらのノウハウは、社会教育行政職員のいわば「暗黙知」としての側面がありましたが、これからは多くの社会教育行政職員が「形式知」として、幅広く共有し、施策を推進していく必要があります。

　このような戦略的な施策立案が必要な理由としては、社会教育行政は、各種取組や運動を奨

励したり、住民の意思を醸成・啓発したりする非権力的な行政であり、取り組むべき施策は、地域の状況によって変わるという自由度がある反面、強力な法令に守られたものではなく、社会教育行政職員の取組によって、足下が強くも弱くもなるという不安定さも有しているという側面があるからです。したがって「地域の社会教育行政の取組は社会教育行政職員が創る」そんなプライドを見失わない戦略的な職員を目指していきたいものです。

（2）事業予算獲得ができる職員

　どこの部局の行政職員でも、「予算を獲得してなんぼ」であると思います。課の予算がなくなれば、具体的な取組のための手立ても減っていきますし、課の業務量は予算額で判断される側面もありますので、人員減につながる可能性もあります。自治体によっては、職員の創意工夫で予算措置を伴わずに実施する「ゼロ予算事業」を選定していますが、「ゼロ予算事業は予算取りの敗北」と、私は諸先輩から教えられてきました。社会教育行政では、最終的には市民自らの動きになるよう、行政が支援していくもので、最終的にはゼロ予算を目指すものですが、当初からゼロ予算では政策的には負けと言われても仕方のないことです。

　行政職員となって一番の試練は予算要求でしょう。いわゆる「規制行政」や「給付行政」では、事業内容も目的も評価も明確になっているので、予算要求において、職員が創意工夫をするということは、比較的少ないと言えます。しかしながら、社会教育行政は、前述の特徴がある故に、事業目標や対象、事業の成果等を明確にしていかなければなりません。さらに、実施しようとしていることが「教育行政」の視点でないと予算化することはできません。

　そこで、事業の予算要求に成功するための、事業フレームの作り方、ポンチ絵の作り方をはじめ、その他のノウハウを身につけることが肝要です。社会教育行政の諸先輩方は、様々な失敗と成功を重ねながら、そのノウハウを後輩へと伝えてきました。本連載を通してできる限りのノウハウをお伝えしたいと思います。

（3）各種コーディネートができる職員

　社会教育行政職員は、コーディネーターとしてネットワーク型行政の要となることが期待されています。さらに、これからの社会教育行政職員には、地域の緩やかなネットワークの仕掛け役として、様々な活動者や団体等のネットワークを構築していくスキルも求められています。そして、ある地域でのグッドプラクティスをつくり、取組を域内全体に広げていくという役割も重要となっています。

　2020年度からは社会教育主事講習や大学での養成課程が新カリキュラムで実施されます。そして、修了者は新たに「社会教育士」と名乗ることができるようになります。新たな学習内容には、「地域のネットワークの形成」や学習

者の社会参加意欲を喚起する「ファシリテーション」等も盛り込まれ、より時代の要請に応えていく状況になっています。

「協働答申」においても、地域学校協働活動を行うために「個別の取組から総合化・ネットワーク化」の方向性も打ち出されており、社会教育行政職員としてのコーディネート能力が問われています。「人と人」「団体と団体」「人と学習機会」等々、多様なコーディネートができる職員を目指していきましょう。

以上、本書で目指す社会教育行政職員像を述べてきましたが、様々な状況の中、「社会教育行政職員」として何を目指し、何を行っていくべきかをしっかりと捉えながら、日頃の職務にあたっていくことが大切であると思います。そこで、本文では社会教育行政職員としての様々な視点やノウハウを参考までに示していきたいと思います。

本書は2部構成となっています。社会教育行政の考え方や基本的な事項をお知りになりたい場合には、第Ⅰ部をまずお読みになりそのイメージを捉えていただくことをお勧めします。また、日頃の業務のノウハウをとりあえず知りたいという方は、第Ⅱ部を先にお読みになることで手っ取り早く業務に生かすことができると思います。

本書を通して、全国の社会教育行政職員の皆様が元気になることができるようお祈りいたします。

令和2年4月7日　井上昌幸

第Ⅰ部　社会教育行政を進める基本的な視点

I-1 社会教育行政の置かれた状況とは!?

近年、社会教育を担当する部署が、首長部局に移管される動きが出ています。
そこで、まず社会教育行政がどのような役割を担っているのかを、
教育委員会だけでなく首長部局の施策を含めて全庁的な視点から確認してみましょう。

1 全庁的に見た社会教育行政の立ち位置

(1) 社会教育行政とは

ここでは、社会教育行政の施策の立案の在り方を考えていくために必要な、基礎的事項について確認していきます。

まず、社会教育行政が置かれている状況を全庁的な視野から俯瞰してみましょう。社会教育行政の施策は、自治体全体の中でどのような位置づけになっているでしょうか。社会教育行政は、教育行政の中でも施策の対象が幅広く、首長部局の施策ともかかわってくる分野でもあります。そのため、施策を立案する際には、他の部局との競合が無いように留意する必要があります。

一方で、社会教育行政主管課のほとんどは、生涯学習振興行政を担当しており、生涯学習推進本部等の全庁的な組織を運営しています。つまり、「教育行政」だけでなく、首長部局も含めた「総合行政」としての施策も担当しているのです。知事や市町村長を本部長として、全庁的な生涯学習の振興を図っています。(本質的に「総合行政」となっているかどうかはここでは触れないことにします。)

そのような状況の中、社会教育行政として施策の立案を行っていく際には、首長部局の施策との関係性を明確にしていく必要があります。次の表1で、確認してみてください。

表1. 首長部局の施策との関係

〈教育行政〉		〈首長部局〉
「家庭教育支援」	→	「子育て支援」
「人権教育」	→	「人権啓発」
「青少年教育」	→	「青少年健全育成」
「女性教育」	→	「男女共同参画」
「高齢者教育」	→	「高齢者福祉」

これを見ると、同じような対象に、同じような施策を展開していることがわかります。この教育行政と首長部局の行政には、どのような違いがあるのでしょうか。まずこの点が明確になっていなければ、予算要求を行う際に門前払いになってしまうことでしょう。

その違いを見出すためのヒントとしては、教育行政の項目には、すべて「教育」という文字が入っていることです。

教育基本法では、第一条に教育の目的として「人格の完成を目指す」ことが謳われています。つまり、教育行政の施策としては「人格の完成」を目指すもの、さらに下位目標に言い換えれば、「意識の変容」や「行動の変化」等を促す性格のものであると推察することができるでしょう。

このことを踏まえた上で、表1を改めて見てみると、その違いが少し分かってきたのではないでしょうか。首長部局の施策の視点は「啓発」や「具体的な取組」であり、教育という視点が

加味されていないことが分かります。つまり、教育行政としての施策の立案の中心は、「人づくり」や「地域づくり」などであるということを押さえておきましょう。

（2）ネットワーク型行政の中核とは？

社会教育行政の全庁的な立ち位置を考える際には、「ネットワーク型行政の推進」について押さえておく必要があります。平成 10 年の生涯学習審議会答申「社会の変化に対応した今後の社会教育行政の在り方について」においては、人々の学習活動・社会教育活動を、様々な立場から総合的に支援する仕組みを構築する必要があるとして、学校教育や首長部局と連携して施策を展開していく「ネットワーク型行政」の重要性が指摘され、社会教育行政がその中核となるべきことが示されました。

さらには、平成 25 年 1 月に出された「第六期中央教育審議会生涯学習分科会における議論の整理」において、「社会教育行政は、今こそ、従来の『自前主義』から脱却し、（中略）首長部局や大学等・民間団体・企業等とも自ら積極的な連携を仕掛け（中略）ネットワーク型行政の推進を通じて社会教育行政の再構築を行っていくことが強く求められる」と示されているところです。

つまり、社会教育行政が、様々な部局で実施されている「学び」の要素を含んだ施策について、教育施策を展開するという観点から、様々な事業を有機的に関連づけるとともに、それらが効果的かつ効率的に展開できるよう、全庁的な視点から統括していく必要性が求められていると言えます。

ここで、全庁的な予算編成の状況について見てみることにしましょう。

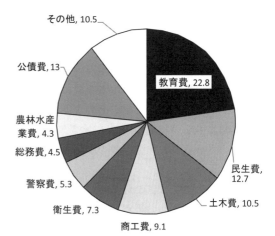

図 1．自治体の予算構成例・目的別分類
（H 29 年度栃木県）

図 1 は、栃木県の予算構造を示したものです。これを見ると、教育費は全体の約 1 ／ 4 を占めており、他の部局の予算を凌駕している状況です。ネットワーク型行政を推進していく際には、予算規模によりそのイニシアチブをとっていく部署が決まっていくことが容易に推測できます。それでは、社会教育行政は類似の施策を展開している「保健福祉」や「青少年健全育成」、「男女共同参画」等の部局と予算面でイニ

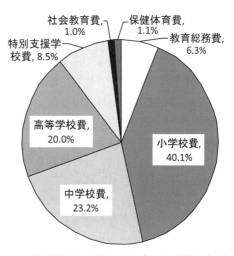

図 2．教育委員会予算の分類（H 29 年度栃木県）

シアチブをとっていける存在なのでしょうか。

　図2は教育費の内訳を示したものですが、社会教育費は教育費のうち1.0％に過ぎないことが分かります。小・中・高・特別支援学校費については、それぞれ教員の給与が計上されており、高い比率になっています。つまり、教育費が自治体全体の約1／4を占めていたとしても、そのほとんどが教職員の給与等に充てられているため、社会教育行政の事業費はとても少ない状況にあると言えます。そのような事業予算が非常に少ない状況の中で、社会教育行政は、果たしてネットワーク型行政の中核となり得るのでしょうか。

　そこで、ここでは、これまで社会教育行政が培ってきた次の3つの視点（ヒト・モノ・コト）に焦点を当て、その答えを導いていきます。

　1つ目の「ヒト」は、生涯学習の視点から、子供から大人に至るまでの学びを熟知し、地域でのネットワークづくりを誘発することができる社会教育主事等の専門職員の存在です。課題意識のある人たちに、課題解決のための「活動」を推進することは、他の部局の取組でも行うことができますが、地域の課題への気づきを誘発し、課題解決のための学習機会を提供し、自らの地域活動につなげていくという「教育」としての取組は、他の部局ではその施策目標にありません。

　2つ目の「モノ」は、公民館、図書館、博物館、青少年教育施設等、社会教育施設の存在です。近年は他の部局においても、地域に密着した施設を設けるようになってきましたが、教育委員会が所管する社会教育施設には専門職員が配置され、学びを通した地域づくりに取り組んでいます。そして、学びをきっかけに自主サークルの組織化支援、地域活動支援に尽力しています。社会教育行政には、教育に係る専門職員が常駐する「拠点」があるのです。

　3つ目の「コト」は、参加型学習をはじめとする社会教育の手法の存在です。社会教育主事として活躍した後、他の部局に異動してから社会教育の手法を使って活躍している例がたくさ

んあります。例えば、都市計画に伴う住民の移転や土地売買等は、行政と住民のトラブルに発展することがあります。そこで、社会教育行政の経験者が社会教育の手法で話し合いの機会を作ったところ、住民同士が十分に協議し、自分たちで結論を出すことができたなどという例もあります。

　これらの点は、社会教育行政としての強みであり、他の部局の立場からは、協力を望みたいものであると言えます。これらの強みを生かしながら、他の部局との連携を図っていくことが、社会教育行政がネットワーク行政の中核となり得る視点であると考えます。

2　施策のターゲットの設定方法

(1) 「教育」としての施策展開

　多様な主体と連携しながら事業を展開していくことは、それはそれで意味があることですが、行政の施策にはそれぞれ主管課独自の目標があります。社会教育行政として他部局と連携して事業を推進する際には、冒頭で説明したように「教育」という視点を忘れてはいけません。ここでは、施策目標をどのように捉えていくかについて考えてみることにします。

　施策の企画・立案においては、その目標が明確かつ適正であり、高い実現可能性を訴えることができなければ、予算要求の際に理解を得ることはできないでしょう。つまり、施策を通して「誰に対して何をどこまで、どのような姿に

していくのか」という、「施策のターゲット」の設定をすることが一番重要な作業となります。私は、大学時代の指導教官から「研究テーマがしっかり設定できれば研究の８割は終了したようなものだ」とよく言われたものです。施策の企画・立案においても、目標設定の場面でどの程度の予算が付き、何ヵ年継続できるかが決まると言っても過言ではないのです。

そして何より、施策の目標は、社会教育行政の特徴である「人づくり」を意識したものとするとともに、学んだ人たちが成果を活用して「地域づくり」に参画できる視点を有していることが重要です。また、その前段の目標として「参加者の意識の変容」、「行動の変容」、「地域活動への広がり」等を捉えていく必要もあります。

このような手順で施策目標を設定すれば、自ずと事業展開も、趣旨に合致した内容に近づくのです。

(2) ターゲットを見失わない

ここで、ターゲット設定について例を挙げて説明してみます。

ある時、上司から公民館において、「経済的に厳しかったり、ひとり親家庭で食事の用意が難しかったりするなど、事情を抱えた子供たちに低価格で食事を提供する『子供食堂』を開設する」事業の立案を命ぜられたとします。

本事例の場合、ベテランの行政職員ならば、すぐさま教育委員会が行う事業としては馴染まない内容であることに気付くことでしょう。なぜなら、取組の目標が「子供たちに食事を提供する」ことになっており、「教育」、「人づくり」の視点が十分ではないからです。むしろ、このままでは生活保護等を管轄する「保健福祉部局」の施策の方が適切と感じることでしょう。

それでは、この取組の事業化を諦めなければならないでしょうか。そうではありません。この事業の目標を「教育」に引き寄せて立案すればいいのです。

対象の子供がいる家庭は、家庭教育に課題を抱えている家庭も多く含まれることが推測され

ることから、子供たちを通じた「家庭教育支援」の事業として展開すれば、教育行政の取組となります。家庭教育支援の施策においては、「家庭教育に課題のある親ほど、学習の機会に来てくれない」ということが課題ではないでしょうか。子供食堂の取組に教育的な視点を付加すれば、ターゲットとなる保護者に接することができるチャンスになるのです。

また、子供食堂の運営に地域住民の方々がボランティアとして参画する機会を創設することで、地域の大人同士の交流が生まれ「地域づくり」の視点からの施策としても、可能性が広がるのです。

このように、子供たちに食事を提供するだけでなく、教育的な視点からの取組を付加することで、教育施策としての展開が可能となってきます。場合によっては、食事の材料代等は保健福祉部で用意し、家庭教育支援の取組については、教育行政で行うという協働につながることも考えられます。まさしく、社会教育行政職員としての腕の見せ所になります。

ここでは、社会教育行政の立ち位置と、教育施策としてのターゲット設定の視点について考えてみました。「教育」という視点から、施策目標を正しく設定することが、施策・事業の企画立案の第一歩になります。

I-2 国・都道府県・市区町村の役割を考えてみよう‼

前章では、社会教育行政を取り巻く状況について俯瞰してみましたが、
ここでは社会教育行政を推進する「国」、「都道府県」、「市区町村」
それぞれの役割について考えてみましょう。

1 国庫事業から考える3者の状況

社会教育行政を行う機関として、「国」、「都道府県」、「市区町村」がありますが、それぞれの主体にはどのような役割があり、どのような使命を担っているのでしょうか。そこで、それぞれの役割を考えるにあたって、現在の国庫事業（放課後子供教室等）におけるそれぞれの関わり等を見ながら考えていくことにしましょう。

（1）国の状況

国は教育振興基本計画に基づき、その具現化のための施策を展開します。莫大な予算を投入し、自治体にモデル事業や委託事業等の展開を通して、全国的な普及を目指しています。放課後子供教室等の事業についても、委託事業という形で地方自治体での展開を図っています。

ただし、個々の地域の状況の把握や、その状況に応じた個別の支援は難しいと言えます。そのため、詳細な実施要項等で事業内容を明示し、事業目的に沿った展開が図られるよう周知を図るとともに都道府県にそのとりまとめ等を依頼しています。

（2）市区町村の状況

市区町村では、実際の地域住民を対象に、事業の趣旨に沿った運営を行います。国庫事業といっても、自治体の計画に沿ったものでなければ実施できないので、各市区町村の施策に位置づけながら、国庫等を受け入れる予算枠を確保して実施していきます。

地域住民に直接学習等の機会を提供することから、事業の成果を直接見ることができるセクションであるとも言えます。

一方で、市区町村での事業実施においては、事業計画の作成、参加者の募集、事業の実施、予算の管理、各種報告書の作成等の業務を、担当者がほぼ一人で実施しなければならないところもあり、担当者が多忙な状況も見られます。

（3）都道府県の状況

都道府県は、国庫事業の内容を精査し、域内の市町村に情報提供を行うとともに、各自治体の教育計画の関連施策に位置づけます。

そして、国庫事業を行う市区町村と連絡・調整を行い、計画書の取りまとめと確認、実施状況の把握、報告書の取りまとめと確認等、国と市区町村との間に入って、連絡調整を行っています。

一方、平成10年頃から国、都道府県、市区町村が、それぞれ1／3ずつ負担する国庫事業が増えてきており、その都道府県分の予算の確保が重要となります。都道府県の財政当局の視点では、地域住民に直接実施する事業については、市区町村が自ら実施すべきと捉える傾向が

あり、予算化することが困難の場合も多く、苦労している都道府県も少なくありません。

　一般的に、都道府県負担分が用意できなければ、市区町村での実施はできないため、大きな重圧となる場合もあります。

　以上の状況は、あくまで国庫事業を実施する際のそれぞれの状況を簡単に述べたものですが、この３つの中で都道府県行政の役割が他と比べてはっきりしないと思われると思います。

　都道府県は、単なる書類の「とりまとめ役」で都道府県負担分の予算の確保さえすればいい存在なのでしょうか。そのはっきりしないところが、大きな社会教育行政の推進体制の課題であると考えます。

② 社会教育行政の特徴

　社会教育行政を推進していく上で、これまでの社会教育行政の先輩たちはどのような視点から取り組んできたのでしょうか。その特徴を大きく３点にまとめてみたいと思います。

（１）地域の実情に応じた展開

　社会教育行政は、「奨励行政」としての性格があります。つまり、各自治体の判断で必要と思われることを、地域住民や団体等の状況を踏まえて展開していくことです。そして、学校教育のように指導要領があるわけではなく、社会教育主事等の専門職員が地域住民の学習や地域活動の環境作りを行っていきます。

　したがって、同じ教育目標であっても、地域の実情を踏まえると、その展開方法、登場人物、活用する教育資源等は千差万別であるということです。ということは、全国画一的な同質の事業展開はあり得ないと言えるでしょう。

（２）人づくりを目指した展開

　社会教育行政は教育行政であり、学びを通じた人づくりが施策の柱になります。この人づくりの目標から外れた施策や事業は、なかなか成立しづらいと言えるでしょう。

　この「人づくり」における「人」は何を指すのでしょうか。地域住民である場合もあれば、地域活動指導者である場合もあったり、大人であったり子供であったりします。

　実は、この「人」が何を指すかを考えるだけでも、「国」、「都道府県」、「市区町村」３者の役割分担が見えてきます。

（３）事例に学ぶ施策・事業の立案

　社会教育行政を推進する上で、大切なのは「好事例の真似」をまず考えることです。一から考えるよりも、効果を上げた事例を、その地域の状況にアレンジして実施するとどうなるか、どのような成果が見込まれるかを考えていくことが大切です。

　そのためには、事例等の情報収集であったり、モデル的な事業やプログラムの開発も社会教育行政を推進していく上で重要な視点となります。

③ 望ましい３者の役割分担とは

　これらの状況から、長年私が感じ、そして考えてきた、望ましい３者の役割分担について述べてみます。

（１）国の役割

　国の中央教育審議会等で打ち出される方向性は、以降の法改正につながっていくものであり、

地方行政職員は絶えず注視していく必要があるのは言うまでもありません。

また、近年の学校と地域の連携を切り口とした施策展開は、単なる社会教育行政施策ではなく学校も含めた教育施策であり、国としてきちんと社会教育の方向を示していくことが、重要な役割となります。

一方で、前節で述べたように、社会教育行政は地域の状況を十分踏まえた展開をしないと、せっかくの取組も無駄になってしまう場合もあります。平成10年代以降、市町村への直接委託や補助をする国庫事業が増えてきましたが、完成形の画一的な事業フレームではなく、地方自治体の創意工夫による、すなわち社会教育主事が企画立案できる事業フレームが必要であると考えます。

しかしながら、国としては、個々の市区町村が個別に企画立案した事業を精査するのは現実的に困難であり、現状のような事業フレームを示していくしか術がないのかもしれません。

そこでここは私の持論ですが、一昔前の国庫事業のように、市区町村の社会教育主事への指導的な立場である、都道府県の社会教育主事に市区町村の事業展開の支援を任せ、地域の実情に応じたフレキシブルな事業内容になれば、骨太の社会教育行政の展開になるのではないかと考えます。

国として事業の明確なガイドラインと評価指標を設定し、市町村で実施される事業内容が、設定された評価指標に相応しいかどうかの精査を都道府県の社会教育主事が行うことが本来の姿なのかもしれません。

このような国庫事業のフレームだと、都道府県の社会教育行政は息を吹き返すかもしれませんね。

（2）都道府県の役割

都道府県の役割は、域内の市区町村の社会教育行政が効果的に展開できるよう、広域的な支援を行うことにあります。

同時に、域内市町村間の社会教育の取組に大きな格差が生じないよう、情報収集を行いながら、様々な支援を行うことにあります。

この様々な支援とは何なのでしょうか？この後予算要求の章でも出てきますが、都道府県行政の予算要求では、市区町村の役割と思われる取組は認められません。私の経験では都道府県行政の事業の基本的な視点は以下の4点です。

①指導者養成（人づくり）
②学習プログラムの開発、
③モデル事業の実施・普及、
④推進体制整備支援（情報提供、助言等）

①の指導者養成については、「個々の市区町村単位では実施することが難しかったり、効率的でなかったりする人材養成」になります。

例えば、統括コーディネータなど、各市区町村には少人数しかいない人を対象としたものや、専門性の高い内容の研修会などは都道府県が実施した方が効率的かつ効果的でしょう。したがって、都道府県の人づくりは「指導者養成」という視点が柱になります。

次に②の学習プログラムの開発ですが、「親学習プログラム」や「人権教育プログラム」、「地域課題解決型学習プログラム」などの学習プログラムは、市区町村の社会教育主事が一人で開発するより、都道府県が作成委員会等を設置して完成度の高い学習プログラムを開発し普及していくことが、効果的かつ効率的であると言えます。

また、効果的な社会教育事業を開発するためにモデル事業を実施し、その成果を顕在化しエビデンスを蓄積していくことも大きな役割となります。都道府県行政はそのような先進的な取組を誘発していくことも、大きな役割となります。

最後に、④の推進体制整備支援については、社会教育法をはじめとする関係法令等に関するレファレンス対応、社会教育推進計画等の策定支援など、各市区町村の社会教育推進体制を構築していくための支援があります。

また、域内や他の都道府県の施策・事業の事例を蓄積し、情報発信しながら市区町村が施策や事業の企画・立案の際に「真似ができる」ことを支援していくことも重要なことです。

いずれにしても、以上のような役割を都道府県の社会教育主事等が果たしていくためには、そのスキルを高めていかなければなりません。研修や現場経験、深い探究心を持っていただき、域内の市区町村の社会教育関係職員に頼られる存在を目指していく必要があります。

（3）市区町村の役割

市区町村は、直接住民に接する社会教育行政の最前線になります。学びを通した「人づくり」「地域づくり」を積極的に推進していく必要があります。

先に述べたように、市区町村の職員は、事業の1から10まで一人で行わなければならないこともあり、新規事業の企画・立案をじっくり行う時間は限られています。

そこで、前項で述べたように、都道府県が養成した、「人（指導者）」、開発した「学習プログラム」、蓄積した「各種情報」を積極的に活用して、地域住民が「よく学び」、「よく活躍できる」環境づくりを推進していく必要があります。

ただし、住民に接するセクションであるが故に、「まちづくり」、「子育て支援」、「青少年健全育成」等々の、首長部局の分野と競合する場

面もみられます。そのような場合も、社会教育行政は、「学びを通した人づくり」を目指しており、単なる活動づくりではないことや、地域課題に関心がない人も学びを通して関心を持ってもらうといった、「教育」行政であるといった軸足をしっかり持っていただき、首長部局に統合といった、体制的な弱体化に陥らないようにしたいものです。

本章では、都道府県の社会教育関係職員の役割を中心的に考えながら、国、都道府県、市区町村の役割分担について述べてみました。

私のこれまでの経験で、都道府県の社会教育行政がしっかりしているところは、域内の市区町村の社会教育行政もしっかりしているように見受けられます。

ややもすると、その役割が見失われがちな都道府県の社会教育行政が、実は重要なカギを握っていると言えると思います。

それぞれのセクションが力を発揮し、3者か一体となって果たすべき役割を遂行していくことが、社会教育行政の推進体制の充実につながっていきます。

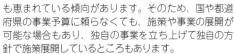

政令指定都市・中核市

政令指定都市や中核市は、都道府県の事務権限の一部を移譲された市であり、財政的にも他の市町村よりも恵まれている傾向があります。そのため、国や都道府県の事業予算に頼らなくても、施策や事業の展開が可能な場合もあり、独自の事業を立ち上げて独自の方針で施策展開しているところもあります。

そのような状況から、都道府県行政の施策として全域で展開したい事業が、政令指定都市や中核市では実施してもらえないといった場面もよく目にします。都道府県としては事業の趣旨を丁寧に説明しながら、政令指定都市・中核市の施策との関連を考えてもらいながら理解を求めていくことが重要です。

政令指定都市・中核市としても、全てを自分たちだけで実施する「自前主義」に陥らず、都道府県で開発しプログラム等の教育資源を活用したり、自分たちの成果を発信したりするなど「出前主義」になって盛り上げていただきたいものです。

I-3 施策化への布石を打つ!!

施策化のためには、取組の必要性を示すエビデンス（根拠）をいかにそろえているかが重要な鍵となります。ここでは、そのような根拠資料をいかに準備して、施策を企画・立案していくかを述べてみたいと思います。

1 施策化へのエビデンス（根拠）とは

数年前から「エビデンス」という言葉が行政分野の中でも頻繁に使用されるようになってきました。辞書で調べると、証拠、根拠、証言、痕跡などの意味を持つとされており、医学等の保健福祉の分野での活用が目につきます。同様に、社会教育行政においても、事業の成果測定や、施策の企画・立案の際の説明といった場面で使用されています。

（1）エビデンスの種類

予算要求の際には、いかに有効なエビデンスを数多く揃えておくかが、その成否の鍵を握ります。エビデンスが少ないと説明のときの説得力が不足し、財政措置が得られないまま財政当局との話し合いが終了となってしまいます。

そこで、まずエビデンスにはいくつかの種類があることを押さえておきましょう。表1にエビデンスの種類を収得する方法によって3つに分けて表してみました。このように整理すると、十分なエビデンスを準備するために必要な期間や手段等がイメージできると思います。

「集める」は、法令や答申、自治体の上位計画（マスタープラン等）の内容であり、出所さえ分かればすぐに手に入れられるものです。また、こちらが努力しても内容が変わるものではない一方、施策化の際の基盤となるエビデンスとなります。事業計画書の冒頭に「国では

表1．エビデンスの種類

○集める
- 法令関係　　　　　・国の審議会の答申
- 自治体の上位計画　・他県の実績等
○調べる
- 意識調査　　　　　・状況調査
- モデル事業の実績調査
- 類似した取組の調査　等
○つくる
- 付属機関の答申　　・議会の調査研究
- 検討委員会報告書　等

……」で始まる部分であり、「一丁目一番地」のものとなります。このエビデンスがあってはじめて、予算要求における「第一関門通過」とも言えます。

続いて「調べる」は、実際に調査を行って積み上げるエビデンスになります。調査は、施策立案を行う生涯学習・社会教育行政主管課（以下、「生涯学習課」と記す。）が実施するというよりも、調査研究機能を有する「生涯学習推進センター」等で実施される場合が多い状況です。この調べて積み上げた結果が十分なエビデンスとなるためには、施策化するためにどのようなデータが必要なのかを十分に検討し、必要なデータが得られるような調査項目を設定するなど、しっかりとした調査フレームを構築することが必要となります。したがって、一朝一夕に集めることができるデータではないことから、計画的な実施が求められます。

最後に「つくる」ですが、これは「社会教育

委員会議」や「生涯学習審議会」などからの「答申」や「建議」等の報告書にあたります。これら附属機関から出される答申等は、現実的には生涯学習課等の事務局が設定したテーマについて各委員の皆様から意見をいただき、審議して作成しますが、これらがいかに予算要求時の根拠となり得るかがポイントになります。例えば、広く意見を聞いて様々な事項を盛り込んだ総花的な「答申等」にするのも良いのですが、それぞれの項目の記述が薄まってしまい、立ち上げたい施策があるときのエビデンスとしてはパワー（説得力）が足りなくなります。

　そのため附属機関の審議を、立ち上げたい施策の内容に「引き寄せて」先鋭的な答申をいただくことが重要となります。したがって、事務局が施策化の意図を伝え、各審議会委員と一体となってつくりあげる、すなわち「つくること」が必要です。

　これら３つのエビデンスは、それぞれ性格が異なっていることから、それぞれの良さを生かし、織り交ぜながら施策のフレームを作り、予算書や説明資料を作成していくことが重要です。

（2）エビデンスの活用イメージ

　それでは、このような視点から収集したデータ等は、どのように活用されていくのでしょうか。予算協議の場面を想定して、そのイメージを簡単にストーリー化して説明します。

　財：「それでは、新規に要求する事業について説明してください。」
　社：「この事業は、先般の中央教育審議会答申の内容を受けて実施するものです。」
　財：「国の方向性なのですね。国庫予算は無しですね。そもそも、国の方向性はわかりますが、本県では必要なの

ですか。」
　社：「本県でも必要性が高まっています。というのも、本事項については社会教育委員会議でも審議いただき、本県としての在り方も提言してもらっています。」
　財：「そうですか。本県でも検討をしているのですね。でも、社会教育委員さんは、全てを把握しているわけではないと思いますが、実際の地域の現状はどうですか。」
　社：「はい。これは地域の状況を社会教育センターが調査した結果なのですが、○○が○○％まで達しており、本事業により、喫緊に対応しなければいけません。」
　財：「必要性は、分かりました。ただし、財政的に優先順位をつけていくと、本事業を予算化するのは難しいと思います。」
　社：「そうですか。しかし、近県の状況を調査したところ、次年度から同様の事業を実施する自治体は、八割であることが分かりました。近県では優先的に施策化する方向のようです。」

　予算要求の進め方の詳細については第Ⅱ部で述べることにしますが、このやりとりをみて、エビデンスをどのように織り混ぜていけばいいかイメージがつかめたことと思います。

　「国の方向性だから」という理由で予算が獲得できたのはふた昔も前のことです。国の答申で掲げられているという根拠は、予算要求の入場券でしかありません。それから、国の方向性を自治体内でどう展開していくかということがないと施策化に向かうのは難しく、附属機関や検討委員会での審議結果等が併せて必要になります。これを怠ったために、あえなく協議終了という場面をよく目にしてきました。

　ここまでクリアして、必要性が認められつつある中で、次に必要になるのは、具体的なデータの

数値の根拠です。その取組がどれだけ求められているのか、また、取組を通して何がどう変わっていくのかという仮説を立てつつ、質問紙調査等により調査した結果を数値化していきます。

数値による説明は説得力があるものです。先ほどの例でも、財政担当者の気持ちがだいぶ変わってきました。そして、最後に登場（提示）するのが、近県の状況のデータです。財政措置するかどうかの判断の一つとして、近県の状況は重要な要素となります。

以上のように、予算要求の一コマでエビデンスの活用方法を説明してきましたが、常日頃から様々な視点から根拠を蓄積しておくことの重要性がわかっていただけたかと思います。

② 施策化のための調査研究とは
～教育行政として「心」を測る～

（1）施策実現のために何を測るか

1章では教育行政としての、立ち位置について書かせていただきました。教育行政は、人づくりを目指していくものであることを忘れてはなりません。

したがって、施策化のためのエビデンスとなる結果を得るための調査研究は、人づくりに資するもの、すなわち人の「心」を測るものでなければなりません。この「心」を測定するエレメントには、意識の変容、考え方の変化、行動の変化などが考えられます。一般的にアウトプットといわれる「実施回数」「受講者数」等の事業実績だけでは説得力が低くなってしまうことは容易に想像できるでしょう。

ここで、一つの例を挙げて説明します。私が栃木県で「地域連携教員」の施策を立ち上げたときのことです。この「地域連携教員」の制度は、公立学校全校に連携の窓口となる教員を校長が指名し、学校と地域の連携の充実を図ることを目指したものです。制度化のため、全学校の地域連携教員の研修旅費、研修運営予算、モデル校予算等で800万円ほどの予算を要求して

いました。

教育委員会事業としては巨額な予算であるため、財政担当者も慎重になっていました。そこで、出た質問が「この地域連携教員は、本当に求められているものなのですか？」というものでした。そこで、根拠として思い浮かんだデータが栃木県総合教育センターが行った調査でした。地域連携教員を設置するための調査というと、「地域との連携を担当する教員はいますか？」「校務分掌に地域連携を担当する部署を置いていますか？」「地域連携教員の制度は必要ですか？」というような設問が思い浮かびます。ただし、これらの調査結果が揃ったとしても、先ほどの財政担当者が十分に満足するものにはならないだろうと感じていました。そこで、調査報告書を精査したところ、次のようなデータを取ってくれていたのです。それは、「（管理職として）地域との連携活動の実施に関して補佐役が必要ですか？」というもので、その結果が図1です。

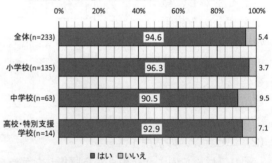

図1．地域連携に関する管理職への調査（栃木県総合教育センター H24）

図1を見ると分かるように、ほぼ全員の管理職が、地域との連携に関して補佐役を求めていたのです。この場合、地域連携教員のフレームすら伝わっていない状況の中で、「地域連携教職員制度は必要ですか？」と聞いたところで、「必要」と答える管理職はおそらく2～3割だったと推測されます。学校現場の管理職が様々な事案の対応に追われている多忙な状況を把握し、地域連携に限らず業務の補佐役は必要と答

えると予測して質問したのかもしれません。いずれにしても管理職の『心』を測り、エビデンスとしての制度の必要性を説明したところ、担当者の理解が深まりました。まさに、戦略性のあるデータの収集の好事例であったと今でも感じているところです。

(2) 無意味と思えるデータでも

研修や講座の効果測定をしていくことは、事業の継続や新たな内容の予算要求のための重要な（裏付け）データになります。しかし、受講者の「心の変化」や「意識の変化」を調べようとすればするほど、期待に反する数値が出てしまい、エビデンスになるどころか調査自体をお蔵入りしたくなるときがあります。

栃木県において「地域課題の解決のための施策」を要求するために、先駆的に行っていた地域課題に関する講座受講者の意識変容を調べた時のことです。その結果、「講座を通して地域課題解決の取組を地域で行おうと思うようになった受講者」は16%に留まってしまいました。

日本人は、学校教育の評価の影響でしょうか、「80%以上が合格」という共通認識があるようです。そのような物差しで解釈すると、この講座は失敗なのでしょう。私も、そのように認識していました。

しかし、ある町のまちづくり講座の最終回で「次年度の公民館講座を企画しよう」というコマを任され、当日行ってみると、担当者が慌てた顔をして、「すみません。受講者25名で楽しくやっていたのですが、4人しか集まりませんでした。」との報告があり、私は、4人の受講者を対象にまとめの講座を行いました。結果、その4人は、講座後に公民館サポーターとして

活躍することになります。私は、その時に「まちづくり講座で活動するようになる受講者も16%なんだ」とある数値との一致に驚いたものです。それは、各自治体において行われる地域課題やまちづくり講座等の状況を見てみると、受講後に地域で活動するようになる受講者の割合は、驚くほどに16%近辺であるというのです。

つまり、社会教育行政の取組では、課題意識を持つ人ばかりが集まるわけではないことから、そのような割合が合格ラインなのではないでしょうか。したがって、一見、無意味と思える数値でも、過去の類似の取組のデータを蓄積し、数値を説明する物差しをつけて説明すれば有効なデータとなるのです。

③ 施策立案は一日にしてならず

施策の立案のための準備は、予算要求の一ヵ月前からという状況がよく見られます。その結果、企画が十分に練られておらず、また、エビデンス不足で失敗という結果もまたよく目にします。

社会教育行政の皆さんは、様々な事業に追われ、日々東奔西走の状況かと思います。だからこそ、日頃からそれぞれの事業の将来像や、これから求められる施策のアウトラインなどを、担当内で日頃から議論しておくことが必要です。そうすることで、今必要な「布石」は何なのかが見えてきます。

また、限られた予算枠の中で施策を実現するためには、その必要性をわかりやすく的確に示すエビデンスが必要不可欠です。今蓄積しているデータが、二年後、三年後に施策の企画・立案に生かされていくかもしれません。皆さんの後輩のためにも、戦略的なデータを蓄えておきましょう。

I-4 社会教育計画は必要なのか!?

社会教育行政職員の最も重要な役割は計画の策定です。
その重要性は何年か社会教育行政を経験することでわかってくると思います。
ここでは、その視点と策定のためのノウハウについて述べていきましょう。

1 なぜ社会教育計画が必要なのか

（1）「社会教育計画」は策定されているか

近年、社会教育計画を見ることが少なくなった気がします。皆さんの自治体では「○○市社会教育計画（中期計画）」というような計画が策定されているでしょうか？ 図1は、都道府県及び市町村の計画策定の状況を調査した結果です（「多様なパートナーシップによるイノベーティブな生涯学習環境の基盤形成に関する研究報告書（Ⅱ）」平成28年国立教育政策研究所）。この結果によると、社会教育計画は都道府県においては策定しておらず、市町村においても10.2％の策定に留まっている状況が明らかになっています。つまり、「社会教育計画」は全体の1割程度の自治体でしか策定されていないということになります。なぜなのでしょうか？

その背景には、大きく次の3点の理由があるのではないかと推察されます。

一点目は、各自治体が社会教育行政の施策を「生涯学習推進計画」等として策定しているということです。本来、生涯学習推進計画は生涯学習の関連施策を全庁的に集約して、その振興を図っていく計画です。しかしながら、中には内容は社会教育行政の施策のみであったり、教育行政の施策のみの計画であるにもかかわらず、生涯学習振興を担当する課が主に策定に携わることから、「生涯学習推進計画」の名称で策定されたりしている状況もあります。

二点目は、特に小規模自治体においては、単独計画を複数策定するよりも、総合計画（マスタープラン）に包含した方が効率的であるという考え方です。現状では、図1のとおり17.2％の市町村が、総合的な計画（マスタープラン等）

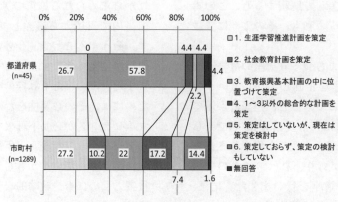

図1．社会教育計画等の策定状況（平成28年国立教育政策研究所）

内に社会教育行政の施策を位置付けていることが分かります。

　三点目は、平成18年の教育基本法の改正以降、策定が努力義務化された「教育振興基本計画」の中に社会教育行政の施策を位置付けている場合です。同様に図1のとおり、都道府県の57.8％、市町村の22.0％の自治体が、教育振興基本計画（教育大綱等）内に社会教育行政の施策を位置付けていることが分かります。学校教育中心の施策体系の一部に社会教育の施策を位置付けただけの計画も散見されますが、生涯学習の理念を基に、しっかりと社会教育の施策を位置付けた計画も存在します。

　以上のような背景から、「社会教育計画」という名前を冠した計画が少なくなっているのが現状です。ただし、「社会教育計画」という名称ではなくても、「生涯学習推進計画」や「教育振興基本計画」の中で、社会教育行政の取組を、戦略的に盛り込んでいくことが、その自治体の社会教育行政の今後のあり方につながっていくことは間違いありません。社会教育行政職員として、計画策定の意義を知るとともに、しっかりとした中・長期的な施策を位置付け、基盤を形成していく必要があります。同時に、自身の日頃から抱いている課題解決のための方策等を計画に反映させ、明文化し、予算要求につなげていくというしたたかさも欲しいところです。

（2）社会教育計画策定の意義

　社会教育計画を策定する意義については、行政的な視点から次のような点が挙げられます。

○中・長期的な視点に立った施策を展開することができる
○全庁的な施策体系の中で、社会教育行政の位置付けを明確にすることができる
○施策や事業の評価を行うことで、社会教育行政の成果を明確にすることができる
○計画に新たな施策の方向性を盛り込むことで、新規施策の予算要求を行うことができる

　社会教育計画を策定する意義としては、まず、中・長期的（5年〜10年）な視点から施策を着実に展開できることにあります。毎年の予算要求において、一定期間のスパンでの施策展開を示すことで、成り行き任せの取組ではないことを意思表明することができるのです。予算要求の時に「この事業は、社会教育計画の○○の施策の柱に位置付けて実施するもので……」と話し始めることができることは、とても心強いことです。

　また、1章で首長部局との関わりについて述べましたが、全庁的な施策を俯瞰すると、首長部局の取組も「教育的な要素」を含む施策が見受けられます。このような状況の中では、社会教育行政の取組が、他部局の取組の影に隠れてしまうことも考えられます。そこで、社会教育行政の位置づけを明確にするとともに、どのような施策を展開しているかを全庁的な施策体系の中で明示していく必要があるのです。総合計画や社会教育計画は、最終的には「政策経営会議」や「庁議」等の全庁的な会議の中で決定されるものです。広く住民の方々に、社会教育の必要性・重要性等を訴える機会とも捉えることができます。このような積み重ねが、総合計画への施策の位置付けにつながっていきます。これらのことからも、社会教育計画をきちんと策定しておくことが大切です。

　さらに、現在では計画策定時に、評価指標を設定することが求められます。評価指標は具体的な成果が数値で現れるため、目的や目標を達

成するための施策展開における工夫改善が不断に行われます。場合によっては、行政職員を苦しめる時もありますが、よりよい施策の展開のためには不可欠なものといえます。

そして、これから予算要求したい施策の方向性を計画の中に盛り込むことで、施策実現に向けた心強いエビデンスとすることも意義の一つです。ただ、計画の策定においては、全庁的な施策を管理する「総合政策部局」や財政を管理する「財政部局」の厳しいチェックを受けることから、その盛り込み方が難しいところです。ただし、このテクニックが先輩から後輩へと受け継がれていく財産であり、社会教育行政職員としての腕の見せ所であるとも言えます。

② 社会教育計画を作成するには

そもそも社会教育計画は、社会教育委員が立案することと法令で定められています（社会教育法第17条）。ただし、社会教育計画は行政計画であることから、社会教育委員が全てを立案することは困難です。社会教育行政職員が民意である社会教育委員の意見を聴きながら、協働して策定していくというイメージであると、私は解釈しています。

それでは、社会教育計画の策定については、よく分からない方も多いと思いますので、ダイジェスト的にその策定の手順について、述べていくことにします。

（1）課題の抽出

まず、計画の策定の第一歩として、域内で社会教育を推進していく上での課題を抽出します。どのような地域課題が存在するのか、その課題解決のためにどのような手立てが必要なのか、そのために何が必要で、現在は何が不足しているのかを洗い出していきます。

この課題の抽出には、関係する調査研究や社会教育委員等の審議会の答申や建議等も活用しながら、施策の根拠となるデータを集積します。

（2）施策体系の構築

課題の抽出の後は、その課題解決のための手立てを施策として立案していきます。継続する事業や、新たに必要な取組などを構造的に体系化していきます。この施策体系を作る際に、それぞれの施策の方向性を設定していきますが、その方向性に新たな取組の視点を組み入れていくかどうかが戦略的な視点となります。

（3）評価指標の設定

施策体系を構築したら、その計画を評価するための評価指標を設定していきます。行政計画には評価は不可欠です。社会教育計画は、教育振興基本計画のように、毎年の取組成果を議会に報告する必要はありませんが、きちんと取組の成果が現れるような指標を設定する必要があります。以降の施策展開のためにも、取組の「良かった」を形にしていく必要があるのです。

以上、足早に社会教育計画の策定の手順を説明しましたが、より詳細な手法を学習したい場合には、国立教育政策研究所社会教育実践研究センターのホームページで掲載されている「社会教育計画策定ハンドブック」をご参照ください。

③ 計画への「種まき」の方法とは

さて、社会教育行政職員として、社会教育計画を策定する醍醐味は、いかに今後実施したい施策の視点を計画の中に盛り込んでいけるかに

あります。予算要求時に計画を引用できるよう、計画の中に様々な形で書き込んでいくことが大切な「種まき」となるのです。

ただし、正面から「○○事業を実施する」「○○に取り組む」という断定的な表現をすると、前述のように「総合政策部局」や「財政部局」のチェックの段階で削除されてしまいます。それでは、削除されない「種まき」の視点をいくつか挙げてみることにします。

(1) 表現のテクニック

まず、施策化への可能性に応じて、何をどこまで書き込んでいくかが重要となります。その際に、どのような強さの動詞を選んで表現していくかが重要となります。表1をご覧ください。

表1. 文章表現の工夫（例）

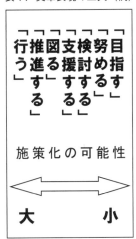

目指す	努める	検討する	支援する	図る	推進する	行う

施策化の可能性

大　←→　小

施策の方向性を表現する文章で、「○○を行う」という記述は、ある意味行政が責任を持って行う意思表示であることから、施策化の可能性は高くなります。ただし、このような表現は、まだ施策化されていない事項については、かなりの確率で削除を求められるでしょう。しかしながら、施策化を考えるならば、「検討する」「努める」等の表現は是非とも盛り込みたいところです。

また、特に重点的に実施したい事項については、一箇所だけでなく、様々な施策の柱に位置付け、記述していくことで、その可能性を広げ

ることもできるのです。

(2) 風を読むテクニック

行政における風とは、知事や市町村長等の首長が目指す方向性であり、総合計画等で示されているものです。当然、社会教育計画は総合計画を具現化するための個別計画であるため、趣旨を反映させることは当然ですが、新たに実施したい取組等については、首長の考え（マニフェスト等）に沿った表現に引き寄せて表現していくことで、取組の必要性も高まることから、表1の表現できるレベルも上がるかもしれません。

(3) エビデンス活用のテクニック

前章で施策立案のためのエビデンスについて説明しましたが、計画策定時にも、その活用は重要です。これまで蓄積してきた各種データを、計画の「総論」等で課題として示すことで、解決のために必要な施策の方向性を、計画の「本文」において、できるだけ実現できそうな表現で盛り込むことができるようになります。つまり、計画づくりの段階で予算折衝が始まっていると考えるべきでしょう。

以上、社会教育計画の必要性と策定の工夫について述べてみました。社会教育計画は、社会教育行政を強くするものです。各自治体での戦略的な策定を期待いたします。

アドバイス2

計画策定には根回しが必要

計画を策定する場合には、様々な場面で根回し（事前調整）を行っていく必要があります。これを怠ると、策定できるものもできなくなってしまいます。それでは、どのようなときに根回しをするのでしょうか。

まずは、教育行政全体を統括する教育総務課等（教育委員会幹事課）の担当者です。その担当者に話を通しておけばその後の段取りを教えてくれるでしょう。その後、教育長、財政課担当者、総合政策課担当者、教育委員、議会議員と根回しをしていきます。課長以上の根回しは、課長しかできませんので、必要資料や想定質問を十分に揃えて備えておきましょう。

I-5　社会教育委員制度は何のためにあるのか⁉

皆さんの自治体の社会教育委員制度は機能しているでしょうか？
この優れた制度を生かせるかどうかは、社会教育行政職員の皆さんにかかっています。
その運営のノウハウを考えてみましょう。

1　社会教育委員の役割とは

(1)　社会教育委員の役割

　皆さんの自治体においても、社会教育委員が設置されていることと思います。直近の文部科学省社会教育調査の結果によると、全自治体における平成27年度の社会教育委員の設置率は、96.4％となっています。

　社会教育委員は、社会教育法第15条に基づき教育委員会の委嘱により設置される非常勤の公務員であり、その職務は同法第17条により次のように定められています。

一　社会教育に関する諸計画を立案すること。
二　定時又は臨時に会議を開き、教育委員会の諮問に応じ、これに対して、意見を述べること。
三　前二号の職務を行うために必要な研究調査を行うこと。

　これらの役割についての詳細は、逐条解説をはじめとする多くの関連書籍で紹介されています。そこで、本書では、この社会教育委員の職務を社会教育行政職員がいかに支援し、今後の戦略的な施策展開につなげていくかという視点で述べてみることとします。

(2)　社会教育委員設置の意義

　それでは、社会教育委員を設置する意義について考えてみましょう。

　まず、「施策立案のための礎を築く」ことが挙げられます。具体的には、教育委員会の諮問事項に対して答申したり、諮問がない場合でも該当地域における教育課題について建議・提言・意見具申等を作成・提出してもらったりすることです。作成された「答申」等は、当該事項に係る民意として取り扱われることで、施策立案のための基礎的なエビデンスにつながり、予算要求における強い味方にもなるのです。

　二つ目の意義としては、「現場感覚に即した多様な意見を社会教育行政に反映できる」ことが挙げられます。社会教育委員は学校関係者、社会教育関係者、学識経験者、家庭教育支援関係者、近年では公募委員も多く選任されています。このように、幅広い分野・領域から選任されている方々ですので、施策に関する提言だけでなく、事業評価等に際して現場の状況に即した有効な意見をいただくことができるのです。

　三つ目として、「各団体・機関等からの協力を得やすくなる」ことも挙げられるのではないでしょうか。上述のとおり、委員には多様な主体の指導者が選任されている場合が多いため、各種施策を推進する際には、それぞれの委員が所属したり、関連のある団体等の協力が得やすくなることから、機動力を生かした事業展開が期待できるのです。

このように社会教育委員は、社会教育行政を展開する上で、力強い応援団的な存在ですが、社会教育行政職員は、その仕組みを十分に生かしているのでしょうか。

(3) 社会教育行政職員は制度を生かしているか!

平成26年（一社）全国社会教育委員連合「コミュニティ形成に寄与する社会教育推進体制の在り方に関する課題研究」によると、都道府県の社会教育委員が過去5年間に答申等を行ったのは18県（39.1％）、市町村においては22県内の76市町村でした。同研究において、社会教育委員を設置していると回答した市町村数は1,625という結果を鑑みると、必ずしも積極的な取組が行われているとは言えない状況です。

さらに、一年間の会議開催回数に着目すると、栃木県の例では平均2.8回（H28年栃木県社会教育現状調査）であり、概ね二回もしくは三回の会議で審議を行っていることになります。

このように、客観的なデータを見る限り、社会教育委員会議の一層の充実が求められている状況が見られます。

一方で、社会教育委員が十分な審議を重ねて答申を作成し、そこで提言された事項を行政職員が施策化して予算を獲得して、地域の社会教育活動の充実を図っている市町村もあります。

会議の運営には、多くの予算が必要であることを考えると、十分な成果を挙げていない社会教育委員会議は、その評価において今後の在り方が問われることになるかもしれません。

それでは、なぜ十分に機能しないのでしょうか。ここからは、制度の機能をアップするという視点から考えていきましょう。

② 社会教育委員会議の機能のアップを目指して

(1) 承認のみの会議運営の見直し

まず、社会教育委員が十分に機能しない原因の一つとして、会議運営の在り方が考えられま

す。社会教育委員の職務には、「社会教育に関する諸計画を立案すること」があります。このことについて、事務局が作成した年間事業計画案を会議で諮り、協議後、計画案を「承認いただく」ことで、社会教育委員が諸計画の立案を行ったという形をとる市町村等も見られます。

このような進め方がいけないというわけではありませんが、このような会議運営の流れとして、委員からは建設的な意見だけでなく、否定的な意見や、場合によってはクレームの場や、行政への要求の場となってしまったという話もよく耳にします。そのような会議の雰囲気では「答申」の作成など考えられないでしょう。

加えて、社会教育委員は一人一人が選任される「独任制」の委員であるにもかかわらず、「合議制」の教育委員会に倣って「社会教育委員会」と称して、名誉職的な色合いが強い運営を行っている会議も少なからず目にするところです。

本来、社会教育委員には「承認」することよりむしろ、それぞれの専門性を生かして自ら動き自ら考え、域内の社会教育の在り方について、広い視野から長期的な視点で様々な提言をいただくことが重要な役割であると思います。

社会教育行政職員は、「承認」のみの会議にならないよう、社会教育委員の役割について、各委員にしっかりと説明し、提言を得られやすい会議運営を行っていく必要があります。このことは、社会教育行政職員にとって非常に重要な役割であることとして再認識すべきです。

イメージとしては「よろしいですか」と承認を得る会議ではなく、「何をすべきですか」というような推進のための具体的な方策を引き出す会議運営が求められるのです。

(2) 社会教育委員会議の機能強化のために

社会教育委員会議の機能を強化するためには、前述のような会議運営の見直しと併せて、社会教育行政職員が施策展開のために、戦略的な「答申」や「提言」を社会教育委員会議で練り上げようという意識を有するかどうかにかかっています。この意識無しには社会教育委員

会議の充実は望めません。

では、会議の機能強化のために必要な視点をいくつか例示してみましょう。

①教育委員会からの諮問を受ける

まず、大切な視点として、協議テーマを教育委員会からの諮問を受けたものにすることが重要です。教育委員会からの諮問を受けるためには、相応の準備と教育委員会での審議が必要となります。しかし、自主的なテーマを設定して審議した「建議」や「提言」ではなく、諮問を受けた「答申」として作成することは、施策化においては非常に有利です。そのためにも、日頃から社会教育行政職員として、教育委員会に働きかけができるような、情報の蓄積と時宜を得たテーマ（案）の設定を心がけておく必要があります。

②より詳細な協議を進める工夫

前述のように、社会教育委員の会議は年間二、三回開催されているのが通例であり、各委員が考えや意見を述べる機会は多くないことが分かります。また、委員の人数は 15 人～20 人であることが多いことから、一回の会議における一人当たりの発言時間は非常に短いものとなります。事務局が E-mail 等を活用して、会議終了後も意見を収集できるように工夫している例もありますが、協議を行うことと比べると議論の深まりは期待できません。

そこで、自治体によっては、一部の委員で構成する「小委員会」や「専門部会」が設置されています。こうした工夫により、取り組む事項の議論をより具体化して審議できるとともに、社会教育委員としての調査の実施、答申案の作成など、全体会議では詰め切れない部分について協議することができるのです。

③提言から施策化への努力

社会教育委員の方々にとって、自分たちの提言が実際の事業として展開されていくことは、何にも増してそのモチベーションを高めることにつながります。自治体によっては、「答申」や「建議」等がどれだけ施策に反映されたかを毎年報告しているところもあります。そのよう

な実績があれば、委員から建設的で、より斬新な提案がされていくことでしょう。委員の皆さんの意見を漏れなく受け取り、行政用語に翻訳しながら予算要求を行い、事業化していくことが、機能強化の一番の方策なのかもしれません。

(3) 社会教育委員会議の運営状況を確認してみる！

それでは、ここであなたの自治体の社会教育委員会議の運営状況をチェックしてみましょう。図 1 は私が作成した「社会教育委員会議チェックリスト」ですが、使用方法は簡単です。当てはまる項目の右端空欄に○印を記入し、A、B、C の区分のうち、○印が一番多かった区分が自治体の運営状況のタイプとなります。

このチェックリストは、社会教育委員の立場で回答するよう作成していますが、行政職員の

図1．社会教育委員会議チェックリスト

A	① 教育委員会からの諮問を受け　答申や建議を行うために議論している	
	② 全体会議の他、部会や小委員会を作って詳細に審議が進められている	
	③ 審議事項に関する資料は事前送付され、発言の準備をした上で出席できる	
	④ 委員同士が自主的に集まって話し合いを行う場合もある	
	⑤ 委員の提言が行政の施策として実現しているものが多い	
B	① 諮問は受けていないが、政策提言のために審議を行っている。	
	② 年間3回以上の会議を開催し、審議を行っている	
	③ 審議事項のテーマ（議題）は事前に連絡があるが、関連情報の提供は無い	
	④ 委員のメンバーは団体の役職にとらわれず熱意のある方が選任されている	
	⑤ 委員の提言の一部は行政の施策に生かされている	
C	① 年間事業計画の承認など報告事項に近いものが主な議題である	
	② 年間1～2回の会議を開催し、審議を行っている	
	③ 審議内容は当日会場で資料を見るまで分からない	
	④ 委員は役職等で機械的に選出された方が多く熱意がある方ばかりではない	
	⑤ 会議の結果は行政施策に反映されているのかどうかわからない	

A，B，Cの枠の中で、○の数が最も多いところが、あなたのまちの社会教育委員会議のタイプととらえてみましょう。

方も読み替えて使用できるようになっています。

なお、もちろんですが、A、B、Cの区分順に、会議が活性化されている状況と言えます。

3 社会教育委員会議の運営のコツ

(1) 協議の場づくり

委員の皆さんから、有効な発言が得られるようになるためには、発言しやすい場づくりが必要となります。そのためには、何をどう協議するのかが分かるよう任期内のミッションと協議スケジュール等を明確にし、一緒に汗をかいてもらう雰囲気作りを行っていきましょう。

また、自治体によっては、社会教育委員同士が自主的に集まって、話し合いや情報交換の機会を設けているところもあります。そのような委員同士のネットワーク構築へのきっかけづくりも、社会教育行政職員として取り組むことができると理想的です。

(2) 専門部会設置の必要性

会議で意見をまとめようとすると、違った視点からの意見も出されて、なかなかまとまらない場合もあるものです。慎重論や、時には反対意見などにより、まとめていきたい方向と反対の流れになってしまうことも少なくありません。

そこで、少しでも先に議論を進める必要があるときは、前述のように、専門部会を設置することが効果的です。少人数での会議であれば、事務局の真意も伝えやすく、答申（案）などの検討についても意見を集約しやすくすることが可能になります。また、専門部会がまとめた答申（案）であれば、いわば同じ立場の委員がまとめたものであることから、本会議での審議の際にも他の委員の理解も得られやすく、会議運営も円滑なものとなるでしょう。

社会教育委員は、他の分野に先駆けて民意を行政に反映させるための組織として立ち上がったものです。私たち社会教育行政職員は、その趣旨を再確認するとともに、この素晴らしい制度を生かした社会教育行政の戦略的な推進を行っていきたいものです。

I-6 地域課題の把握と解決のための学習

地域課題という言葉はよく耳にしたことがあると思います。
社会教育行政の推進において重要な視点である、「地域課題」について考えてみましょう。

1 なぜ今、改めて地域課題なのか？

（1）地域課題に向き合う意義

平成29年3月28日に文部科学省の「学びを通じた地域づくりに関する調査研究協力者会議」から出された、「人々の暮らしと社会の発展に貢献する持続可能な社会教育システムの構築に向けて（論点の整理）」（以下「論点の整理」とする）において、「地域課題解決型学習」の重要性が示され、社会教育の概念に明確に位置付けるべきことが示されました。

今後の社会教育においては地域コミュニティの推進・活性化に貢献していくことが大きな役割であり、地域課題とその対応についての学びや、その成果を地域づくりの実践につなげる「学び」を推進していく重要性が述べられています。

そこで、社会教育行政として地域課題に向き合って施策展開していく意義を考えたとき、論点の整理の中で必要と示されている、「地域住民が地域コミュニティの将来像や在り方を共有」するためには、地域課題に関する取組を推進していくことが、最も効果的かつ効率的であるといえるのではないでしょうか。

つまり、地域課題は地域住民の共通した関心事である可能性が高く、いわば「住民の関心事の最大公約数」であるともいえようかと思います。したがって、その学習機会を提供することは学習テーマの設定としてふさわしいものであ

るといえます。

同時に、地域課題解決のための活動は、地域をより良くする活動であり、地域づくりそのものとなります。つまり、学習の成果を見える形で、直接地域に生かしていくという、効率的なプロセスであるともいえます。

（2）本丸を見失わないように

地域課題と同様に、平成4年の生涯学習審議会答申では、「現代的課題」として健康、人権、豊かな人間性、まちづくり、高齢化社会、男女共同参画型社会などが例示され、社会の急激な変化に対応して、人間性豊かな生活を営むために、人々が学習する必要性があると示されています。

その後、平成18年の教育基本法の改正において、社会教育は「個人の要望」とともに「社会の要請」にもこたえていくべきことが定められ、「現代的課題」に関する施策展開が「社会の要請」に関する取組として意識されるようになったといえるでしょう。

平成4年の「現代的課題」では学習機会の重要性が示されているのに対して、今回の論点の整理においては「地域課題解決学習」が改めて示され、「地域づくりの実践につなげる学び」、「地域コミュニティの活性化」まで強調されているところがポイントです。

つまり、取組の本丸（目的）は、学習機会の提供ではなく、「地域コミュニティの活性化」、

「地域づくり」にあるということです。その目的を達成するためには、住民の自主的な活動につなげていくための「仕掛け」を同時に進めていく必要があるといえるでしょう。

　これまでの社会教育行政における取組、例えば「学校支援地域本部事業」や「放課後子供教室推進事業」も本丸は、この「地域づくり」や「地域コミュニティの活性化」であったはずです。それが学校支援や放課後の子供の居場所づくりに焦点を当てただけの取組になってしまっていた状況も見られていたのではないでしょうか。「学校支援地域本部事業」が「地域学校協働活動推進事業」に移行したのも、そのような現状があったためと、個人的には捉えています。

　社会教育行政職員として、その地域づくりという「本丸」を見失わないようにしたいものです。

② 地域課題とは

（1）あなたの地域の地域課題は？

　皆さんは、「あなたのまちの地域課題は何ですか？」と聞かれたら何と答えられるでしょうか。個人の考えとして、「ゴミの出し方の問題」「深夜の騒音問題」など、身近なものを思いつくことができるでしょう。

　それでは、あなたの勤務する公民館が管轄する地域の課題は何ですか？　あなたの勤務する行政区が抱える地域の課題は何ですか？　と聞

かれたときに、はっきりと答えられるでしょうか。

　ほとんどの皆さんは答えに窮するのではないかと思います。ただ、このことが地域課題解決学習を推進していく重要な鍵となるのです。

　論点整理の中では、「地域課題解決学習」の説明において、「地域住民が地域コミュニティの将来像や在り方を共有」することが、学習の前提として示されています。地域住民同士が、地域の課題を話し合い、共有していくプロセスこそが重要であるといえます。

　何が地域課題かということは、正解など存在しません。課題解決のために集まった方々が話し合い、様々な議論をとおして合意形成したものこそが、地域課題といえるでしょう。

　しかしながら、社会教育行政職員として、事業の効果的な展開を目指していくためには、一般的な地域課題の内容や傾向を捉えておく必要があるでしょう。そこで、地域課題の状況について見ていくことにしましょう。

（2）地域課題の状況

　図1は平成25年度に栃木県内の地域課題の認識状況を調べたものです。この調査は、「あなたの地域で課題となっているものは何ですか」という質問に対して、選択肢の中から3つまで選んで回答してもらったものです。図中の割合は総回答件数に対するそれぞれの割合を示しています。

　これを見ると、「高齢化」が18.8％と最も多く、次いで「防災・防犯」が13.2％、「住民同士の交流」が12.8％と続いています。やはり、「高齢化」が多くの住民にとって喫緊の課題と認識されていることが分かります。私自身も地域の公民館の講座の中で同様の質問をすると、ほとんどの参加者が「高齢化」に関する事項を挙げられます。つまり、このような住民の関心が高いテーマを取り上げた学級・講座等には、多くの住民の参加が期待できるといえようかと思います。

　一方で、地域住民の全てが理解しなければならない性格の課題である、「人権問題」や「男女共同参画」等については、非常に低い認識状

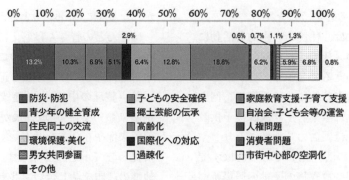

図1　地域課題の認識状況（栃木県総合教育センター H24）

況となっており、このようなテーマを扱う場合には、地域住民の積極的な参加が期待できないことから、楽しめる内容を盛り込むなど、参加したくなるような手立てが必要となります。

　地域づくりや地域活動の活性化を目指した取組を企画する際には、前述のような地域課題の状況を的確に捉えておくことが、とても重要となります。社会教育行政職員が、地域の地域課題を把握する方法として、以下のようなものが例として挙げられます。

○自治体として実施している、「世論調査」
　等の結果を参考にする。
○独自に地域住民を対象とした調査を実
　施する。
○公民館利用者等との会話や、利用者ア
　ンケートにより調査する。
○自分自身が地域に出て、地域課題を感
　じてくる。

　これらのように、地域課題を把握するには、

様々なチャンネルが考えられます。住民同士の話し合いにおいて、具体的な課題が出てこない場合の「助け船」や、一つの課題のみに膠着してしまった時の「呼び水」として、データを蓄えておいてはいかがでしょうか。

③ 地域課題の性格

　次に、地域課題はどのような性格を有しているのかを考えていきましょう。これまでの私の行政経験をとおして考えられる性格を３つ挙げてみることにします。

（１）時間的に変化する（時間軸）

　図２は、栃木県内における平成21年と23年の地域課題の状況を調査したものです。これを見ると、２つの調査において変化した項目があることが分かります。特に、一番左側の項目は「防災・防犯」なのですが、10.7％から13.2％とポイントを高めています。この原因として考

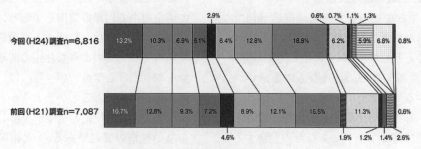

図２　地域課題の時間的変化（栃木県 H21、H24）

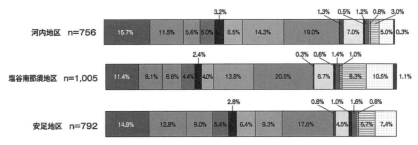

河内地区　n=756	15.7%	11.5%	5.6%	5.0%	6.5%	14.3%	19.0%	7.0%		5.0%	0.3%
塩谷南那須地区　n=1,005	11.4%	8.1%	6.6%	4.4%	4.0%	13.8%	20.5%	6.7%	8.3%	10.5%	1.1%
安足地区　n=792	14.9%	12.8%	9.0%	5.4%	6.4%	9.3%	17.6%	4.5%	5.7%	7.4%	

図3　地域課題の認識状況（栃木県総合教育センター H24）

えられるのが、平成23年に発生した「東日本大震災」です。震災をきっかけとして、多くの公民館において「防災・減災」や「地域安全」等の学級・講座等が開催されました。公民館職員は、地域住民の課題意識を肌で感じて事業化していった結果であるといえます。

このように、地域課題は地域や住民の状況の変化によって、その認識が変わってくるという「時間軸」としての傾向があるといえます。

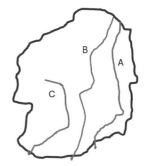

図4　地域課題の傾向（栃木県）

（2）地域ごとに違っている（空間軸）

次に、地域課題は地域ごとに違う傾向を示すという性格があります。図3は前出の平成24年の栃木県調査を、地域別に集計したものですが、3つの地域でそれぞれ傾向が異なっていることが分かります。

図3では凡例を示していませんが、大規模市がある河内地区では「住民同士の交流（14.3％）」や「防災・防犯（15.7％）」が課題として認識されている一方、小規模市町が多い塩谷南那須地区では、「高齢化（20.5％）」や「市街中心部の空洞化（8.3％）」が他の地域と比べて、課題として認識されている状況が高くなっています。地域によって課題が違ってくる要因としては、これまでの地域の文化や特性、気候、風土、年齢構成など、様々な要因があると推察されます。

このように、地域課題には地域に状況によって異なるといった、「空間軸」での特性もあると考えられます。

（3）生活環境に関連する（生活軸）

最後の性格として、先の空間軸とも関連しま

すが、栃木県の傾向を分析していく中で、興味深い傾向が明らかになりました。それは、地域課題の傾向は「主要国道沿いに同じ傾向を示す」ということです。これは、県内7つの地区ごとに傾向を分析したところ、図4に示す栃木県内A、B、Cの国道沿いの地区が同様の傾向を示したということです。

地域住民は生活をする上で、国道に沿って職場や買い物等に移動する傾向があると考えると、地域課題の傾向は住民の生活圏と密接に関係していると考えられます。

つまり、地域課題は地域住民の生活圏と関係する「生活軸」としての特性もあるものと考えられます。

これらのように、地域課題には3つの傾向があることを捉えておくと、地域住民の地域課題の解決のための学びを企画する上で、有効であると考えます。

いずれにしても、社会教育行政職員は地域住民と関わりながら、それぞれの地域の課題について話し合い、共有し学習課題化していくことが大切です。

4 地域課題解決型学習を考えよう

それでは、このような地域課題の状況を踏まえ、地域課題解決型学習をどのように進めていくことが効果的かを考えていきましょう。

（1）地域課題の分析とターゲットの設定

まず、学習を進める上で重要なのが、「学習する課題の設定」になるでしょう。先に述べたとおり、課題の設定は参加者同士が主体的に話し合って、合意形成していくことが大切です。

そのためには、話し合いとともに「ラベルワーク」等のワークを行って、視覚的に捉えて進めていくのも効果的です。

一方、各自治体のマスタープランに掲げられている、行政課題に関連した地域課題を取り上げるなど、全庁的な施策体系を意識した設定も重要な視点となります。行政課題をテーマとした事業とすることで、その重要性が高まり、新たな事業予算の獲得につながる可能性も出てきます。

（2）効果的な学習プログラム

次に重要なのが、効果的な学習プログラムの企画です。地域課題解決型学習の目的が、地域づくりや地域コミュニティの活性化であることから、単なる座学ではなく、参加者の主体的な学びをとおして、実践につながるような学習を進めていく必要があるでしょう。

そのためには、これまでの社会教育行政で蓄積した、「社会教育の手法」を生かしていくことが重要な鍵となります。つまり、「学習プログラムの企画・立案」、「参加体験型学習の手法」、「養成した指導者の活用」、「地域の教育資源の活用」、「関係団体等とのネットワーク」等々を総動員して、効果的な学習プログラムを作成し、実施していくことが重要です。

特に参加型学習による学習展開は、「人権教育」や「環境教育」をはじめ様々な教育分野で社会教育行政が取り入れてきた経緯があります。地域課題解決型学習は、これまで手がけてきた参加型学習のプログラムを、地域づくりの取組まで展開していくものといえようかと思います。

したがって、設定した課題（ターゲット）に関するこれまでの学習プログラムの落としどころを、地域での活動づくり、地域住民同士のつながりづくり、地域活動としての定着等に設定し、リメイクしていくことから始めるのが良いのではないでしょうか。

参考例として、栃木県では平成22年度に、地域課題解決のための取組を通して、地域住民の地域づくりへの参画意欲を高めるプログラムとして、「地域参画力育成プログラム」を開発しました。家庭教育支援・高齢化問題・環境問題・男女共同参画・伝統文化・青少年・情報化・消費者問題・防犯・住民同士の交流等の解決を通した地域づくりを目指したプログラムとなっています。

表は7回シリーズの高齢者学級の例ですが、

表 高齢者学級のプログラム展開（例）

回	テーマ	学習内容・方法	
1	高齢社会ってなあに？	開講式 講話「高齢社会の話題と展望・ライフプランの必要性」自己紹介	
2	私の健康ライフ	選択実技①だれでもできる健康体操	選択実技②だれでもつくれる健康料理
3	私のマネーライフ	選択講話①かしこい消費生活	選択講話②ゆとりある暮らしとお金
4	私の生き生き学びライフ	ワークショップ「私の生き生き学びライフ」〜いつまでも生きがいを持って自分らしく〜	
5	調べよう①むかしのくらし 今のくらし	現地学習① 地域の郷土資料館見学小学校3年生との交流学習	
6	調べよう②古い道具しらべ	現地学習② 古い道具しらべ小学校3年生との交流学習	
7	今、必要とされている地域の力	ワークショップ「今、必要とされている地域の力」〜子どもの学習を深めるためにできること〜	

1～3回はライフプランや健康づくりなど、参加者が興味を持って参加してくる内容を設定するのに加えて、後半は生きがいづくりに併せて学校支援につながる学習を体験や交流をとおして学ぶ構成になっています。

このように、参加者が徐々に地域に関心をもっていくような工夫が盛り込まれています。

この「地域参画力育成プログラム」と同様の趣旨で、昨年度は家庭教育支援に特化した「地域課題解決型学習プログラム『地域元気プログラム』」を開発し、家庭教育支援をとおした地域づくりを目指しているところです。

このプログラムでは、地域での活動に必要な「知識」、「技術」、「行動」の３つのスキルに学習内容を整理し、それぞれの習得を目指しています。

いずれのプログラムも、栃木県のウェブページに掲載されていますので、関心のある方はアクセスしてみてください。

（3）社会教育主事への期待

論点の整理においては、これらの地域課題に応じて学習活動を組み立て、課題解決につなげることができる「学びのオーガナイザー」としての役割を社会教育主事に期待しています。

今回取り上げた、地域課題解決型学習は、これまでも社会教育行政で取り上げてきた、というより、取り上げるべき学習内容であり、社会

教育行政、そして、社会教育主事として目指すべき目標を改めて指し示したものであるといえようかと思います。

今一度、皆さんの取組が、地域づくりにいかにつながっているのかを、再確認する良い機会ではないかと考えます。それぞれの施策や事業が、「学習機会の提供のみにとどまっていないか」「指導者の養成のみになっていないか」「何を事業目標にしているのか」等をチェックしてみることをお勧めします。

地域課題を学んでもらう手法

地域課題をテーマとした学習は、なかなか地域住民の興味・関心を得ることが難しい状況もあります。しかしながら、これまでの社会教育行政職員は様々な工夫をしながら取り組んできました。その方法として、大別して以下の３つのアプローチがあります。

①連続講座型：何日間かの講座を組んでストーリー的に学んでいきます。テーマに興味関心がある参加者が参加するため深く学ぶことができます。

②単発講座型：取り上げたいテーマ単独では参加者が期待できない場合、他のテーマの「まちづくり」や「高齢者教室」などの連続講座の一部（一コマ）で学習するものです。

③他の講座の一部型：そのテーマでは一回（一コマ）の講座の設定が難しい場合には、他の講座の一部の時間で学習をするものです。例えば「料理教室」の中で、廃油について学ぶ機会をつくり、環境問題を考えてもらうなど、短時間で学びのきっかけを作る方法です。

これらの方法を状況に応じて使い分けながら、学習の場に来てくれた参加者を、自主サークルや課題解決活動に繋げていくことを、これまでの社会教育行政職員は取り組んできました。

取り扱いたいテーマ、地域住民の状況、地域の教育資源の状況等を考え合わせながら、より良い学習機会の提供に努めていってください。

I-7　社会教育主事の役割を考えてみよう！

近年、社会教育主事に期待されている役割が高まっていますが、社会教育主事の役割は？と改めて聞かれると戸惑ってしまうのではないでしょうか。ここでは社会教育主事の役割について考えていきます。

1　社会教育主事には何が期待されているのか

検索エンジンで「社会教育主事　期待」で検索してみると、多くのウェブページがヒットします。答申や著作物、記事、コラムなど様々な主体がその期待を熱く発信しています。

一方、同様に「指導主事　期待」で検索しても、社会教育主事ほど件数もヒットせず、その内容も淡々としたものになっています。

この違いが、社会教育主事の役割を考える上で、非常に重要な点であると思います。その理由をいくつかの視点から考えていくことにしましょう。

①地域との関わり

まず、社会教育の定義として、教育基本法では次のように定められています。

> 教育基本法（抜粋）
> （社会教育）
> 第十二条　個人の要望や社会の要請にこたえ、社会において行われる教育は、国及び地方公共団体によって奨励されなければならない。

つまり、社会教育は地域住民に必要な学びの機会を、行政が奨励していくという特質をもっているのです。したがって、社会教育主事は地域住民と密着して取組を展開していくという一面があります。

②守備範囲の広さ

また、社会教育行政の主たる業務は、青少年や大人に対する学校の教育課程外の組織的な学習活動を支援することにあります。そのため、学習内容も学習者も幅広く対象としていることから、何らかの地域課題や行政課題等が発生すれば、教育行政においては社会教育主事の出番が求められます。

③職務の自由度

さらに、社会教育行政には、学校教育のような教育課程も指導要領もないため、地域住民のニーズと社会の要請を考えながら、社会教育主事がその学びの環境を整えていくという性格があります。

したがって、社会教育主事の職務は、指導主事のそれと比べて自由度が高く広範囲である等のことから、取組次第では地域社会の未来を大きく変えることができるとも考えられます。

これらの観点から、「地域コミュニティの活性化」「地方創生」「地域づくり」「学び直し」等々、地域住民とともに取り組む施策の展開に、社会教育主事の活躍が期待されているのです。

2 社会教育主事の職務とは

(1) 職務の規定

それでは、このように期待されている社会教育主事の職務とはどのように規定されているのでしょうか。

社会教育法（抜粋）

第9条の3

　社会教育主事は、社会教育を行う者に専門的技術的な助言と指導を与える。ただし、命令及び監督をしてはならない。

2　社会教育主事は、学校が社会教育関係団体、地域住民その他の関係者の協力を得て教育活動を行う場合には、その求めに応じて、必要な助言を行うことができる。

　ここで、社会教育主事の職務は専門的技術的な「助言と指導」を与える、「間接的な支援」であることを押さえておく必要があります。つまり、地域社会全体にわたる社会教育施策の企画・立案・実施を通して、住民が自主的・自発的な学習活動や社会教育活動を行うための環境醸成や体制づくり等の支援を行うのです。

　このことについては、平成25年に中央教育審議会から出された「社会教育推進体制の在り方に関するワーキンググループにおける審議の整理」の中でも「社会教育主事の任務は、専門的技術的な助言及び指導を通じて、可能な限り、住民が地域で主体的に教育・学習活動に取り組むことができるよう条件整備を行い、奨励、援助を行うことに重点がある」と明確に示されています。

(2) 条件整備を行うとは？

　それでは、社会教育主事が行う条件整備とはどのようなことなのでしょうか。

①間接的な支援

　社会教育主事には、発令を受けた自治体が管轄する地域全体の社会教育を推進する役割

があります。ある特定の地域の社会教育活動を展開するだけでは、十分に職責を果たしているとは言えないのです。

　十分に職責を果たすためには、自ら活動を実践していくということではなく、「実践できる人材を育成していく」という視点が重要なのです。そうして、最終的には地域住民自らが各々の地域において自発的に学習活動を展開し、定着することで社会教育の広域的な推進につながります。

　ただし、地域人材も地域づくりの体制も十分でない場合には、「モデル地域」として、特定の地域に重点的に社会教育主事が関わり、社会教育主事講習で学んだワークショップなどの手法を生かして支援していく、いわゆる「火付け役」としての役割を担う場合もあります。

　ただし、その場合についても、モデル的な取組の成果を他の地域へ広げていく視点がなければ、社会教育主事の役割とは言えないでしょう。

②取組を広げるとは

　それでは、管轄する地域全体で社会教育活動を推進するとはどのようなことなのでしょうか。また、一人の社会教育主事が努力して達成できることなのでしょうか。

　そのために必要なのが、取組の施策化・事業化なのです。地域の団体、公民館利用者、住民組織等が、指導者や参加者として参加・参画する事業を企画・運営することを通して、社会教育主事は管轄する地域全体の社会教育の振興を図っていくという職責を果たすことができるのです。

　住民の声を聞きながら、必要な取組を住民とともに企画・立案し、行政が受け持つべき財源を確保しながら事業化していくことが社会教育主事の本務と言えるでしょう。その際の企画会議等においては、当事者である住民の皆さんと一緒にワークショップ等を実施することもあるかもしれませんが、社会教育主

事がより良い施策や事業を企画・立案することこそ本当の役割と言えるでしょう。

③計画づくり

　それでは、前述のような事業を成立させるには何が不可欠なのでしょうか。

　それは、生涯学習・社会教育に関する計画の策定です。自治体の今後の社会教育の推進の方向性を指し示したものが、「社会教育計画」や「生涯学習計画」等であり、計画がしっかり策定されていれば、事業を成立させるため推進の予算要求も行いやすくなります。

　4章でも掲載しましたが、図1は自治体における計画の策定状況です。生涯学習・社会教育に関する単独計画の策定は、都道府県で26・7％、市町村で37・4％となっています。

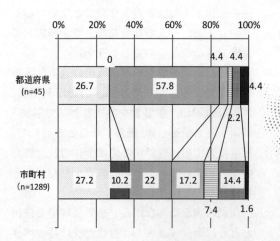

- □ 1. 生涯学習推進計画を策定
- ■ 2. 社会教育計画を策定
- □ 3. 教育振興基本計画の中に位置づけて策定
- □ 4. 1～3以外の総合的な計画を策定
- □ 5. 策定はしていないが、現在は策定を検討中
- ■ 6. 策定しておらず、策定の検討もしていない
- ■ 無回答

　近年では、教育振興基本計画の中に生涯学習・社会教育を位置づけ、包含させる自治体の割合が高くなっている点が気がかりなところです。各自治体の社会教育主事が、いかに関連施策を計画の中に位置付けることができるかが、腕の見せ所になります。

　段階を追って、社会教育主事の職務を述べてきましたが、皆さんの認識はいかがだったでしょうか。社会教育主事と地域活動実践者・指導者が混同されてはいませんでしたか？
　地域づくりを切り盛りするスーパーマンになっていませんでしたか？
　社会教育主事は、地域全体の社会教育の環境醸成を行うために、人材育成、計画策定による事業展開という「間接支援」を行っていくことが、専門的教育職員としての重要な職務なのです。周りからの期待は大きくても、地域住民が「主役」で、社会教育主事は「黒子」だということを忘れないでいただきたいものです。

③　社会教育主事の役割とは

　社会教育主事の職務については、前項のように法的に規定されているものの、その具体的な役割等については必ずしも明確にされてきませんでした。これまで、各時代の社会情勢や社会の要請を反映させた形で国の答申等で示されてきました。いくつかに分類しながら示していくことにします。

（1）地域住民の主体的学習の促進

　これまで述べてきたとおり、社会教育は「奨

励される」性格であるため、地域住民の主体的な学習を目指していく必要があります。そのため、多様で複雑な問題や課題を明確化し、地域住民の学習意欲を喚起しながら、自主的・自発的な学習を促進・援助していくことが、社会教育主事の大きな役割となります。

(2) 計画・事業等の企画立案

社会教育主事は、社会教育に関する計画や事業の企画・立案等を行い、地域における社会教育行政の果たすべき職務と役割を明確にする必要があります。

近年、改めてネットワーク型行政の重要性が叫ばれていますが、行政内での社会教育行政の立場を明確にするのは何よりも「計画」です。社会教育主事にとって、最も重要な役割となります。

(3) 情報収集・分析・提供

社会教育主事が立案する施策や事業が、地域住民にとって真に必要なものとなるためには、情報の収集と分析が必要不可欠です。日頃から地域住民との対話を行うとともに、質問紙調査や各種統計の分析から、施策・事業の立案のためのエビデンス（根拠）の収集に努めていく必要があります。

(4) 組織化援助

地域住民の自主的な学習や活動を促進していくためには、個人の学習活動をきっかけとして、学習サークルの設立等を支援しながら、継続的な学習へと誘導していくことが重要です。

近年では、地域学校協働活動を通じて、地域住民の組織化支援を進めながら、地域学校協働本部への発展を目指すといった取組が求められています。

(5) 連絡調整

社会教育活動を行う関係者・関係機関との連絡・調整や実施する活動において関係する地域の人材等の連携のための調整、つまり、ヒト・モノ・コトを相互につなげるコーディネーターとしての役割が期待されています。

地域で活躍する「地域コーディネーター」に、そのノウハウを提供していくことも重要になっています。

(6) 人材育成

「学校支援ボランティア」や「地域活動指導者」、「地域コーディネーター」など、地域活動の実践者や指導者を養成していくことも、社会教育主事として重要な役割となります。

地域人材なしには、社会教育行政を推進していくことはできません。学習機会や地域活動を通した人材発掘や養成講座を通した人材育成を行っていく必要があります。

以上のように、社会教育主事には多くの役割が期待されています。どんなベテランの社会教育主事も、これらの役割の全てを担うことは難しいと思いますが、皆さんも必要性に応じてできることから取り組んでいけば良いのではないでしょうか。しかし、果たすべき任務と役割はきちんと理解しておく必要があるでしょう。

次章では、あなたがこれまでに果たしてきた社会教育主事としての役割をセルフチェックしてみましょう。

コラム 1

私は何もしていませんよ！

私は、国立教育政策研究所社会教育実践研究センターで勤務していたときは、全国の市町村の先進事例に数多く触れることができました。その中で印象に残ったことが、手がけられた社会教育行政職員の中には、「私は何もしていませんよ！」と話される方が数多くいたことです。社会教育は地域住民が主役なので当然のこととも言えるのですが、その取組が優れていればいるほどそう話される社会教育行政職員が多かったのが印象的でした。

つまり、優れた取組の最後の形は、地域住民の自主的な活動となっており、「私は何もしていませんよ！」と言い切れる状況を作ったといえます。私もいつかはその言葉を発することができたらと思って努力してきましたが、未だに実現していません。

I-8 社会教育主事の役割を分析してみよう ～職務のセルフチェック!!～

社会教育主事は勤務場所によって職務内容が異なり、同じ「社会教育主事」の職名でありながら、職務が千差万別のであるのも社会教育主事の特徴かと思います。ここでは、ご自身の社会教育主事としての経験について分析してみましょう。

1 社会教育主事に求められている役割とは

まず、社会教育主事に求められている役割について、前章に引き続き簡単に示してみましょう。

(1) 社会教育法における規定

社会教育法においては、社会教育主事の職務について次のように規定されています。

> 社会教育法（抜粋）
> 第9条の3
> 　社会教育主事は、社会教育を行う者に専門的技術的な助言と指導を与える。ただし、命令及び監督をしてはならない。
> 2　社会教育主事は、学校が社会教育関係団体、地域住民その他の関係者の協力を得て教育活動を行う場合には、その求めに応じて、必要な助言を行うことができる。

第9条の3においては、「社会教育主事は、社会教育を行う者に専門的技術的な助言と指導を与える。」とされています。また、同条2項においては、学校が社会教育関係団体、地域住民その他の関係者の協力を得て教育活動を行う場合には、その求めに応じた支援を行うことが示されています。

この条文を見るだけでも、具体的な職務内容は示されておらず、非常に広範囲な職務を担っていることが推測されるでしょう。

この広範囲な職務の規定が、その役割を曖昧にさせているという指摘もありますが、そもそも社会教育の規定が、控除法で示されており、その範囲が広域にわたることを考えあわせると、社会教育主事の職務が広範囲であるのも必然的なものであろうかと思います。

(2) 答申等における役割等の記述

社教主事の具体的な職務・役割については、その時代の社会情勢や社会の要請を反映させた形で国の答申等で示されてきました。特に次の答申等において具体的な役割が示されています。

> 「社会教育主事の養成について（報告）」
> 　　　　　社会教育審議会成人教育分科会（1981）
> 「社会の変化に対応した今後の社会教育行政の在り方について」
> 　　　　　生涯学習審議会答申（1998）
> 「学習の成果を幅広く生かす」　生涯学習審議会答申（1999）
> 「家庭の教育力の充実等のための社会教育行政の体制整備について」
> 　　　　　生涯学習審議会答申（2000）
> 「新しい時代を切り拓く生涯学習の振興方策について」
> 　　　　　中央教育審議会答申（2008）
> 「社会教育推進体制の在り方に関するワーキンググループにおける審議の整理」　中央教育審議会（2014）

図1．社会教育主事の役割等が示されている答申等

これらの答申等に示されている社会教育主事の役割等を抽出し分類すると次のようになりま

す。（井上による）

---

1 地域住民の主体的学習の促進
・地域課題の明確化による地域住民の学習
　意欲の喚起、継続的な学びへの支援　等

2 計画・事業等の企画立案
・地域住民の支援に必要な取組の企画立
　案、施策・事業化、社会教育計画の策定
　等

3 情報収集・分析・提供
・地域課題等に関する地域の情報収集、事
　業化に向けた調査の実施と分析、学習や
　活動情報等の提供　等

4 組織化援助
・学習サークルの設立支援、自主的な学習
　や活動のための組織づくり、地域学校協
　働本部の自立支援　等

5 連絡調整
・社会教育に関する地域の教育資源（ヒト・
　モノ・コト）を相互につなげる　等

6 人材育成
・地域活動の実践者や指導者、コーディネー
　ター等の養成　等

　期待される役割が広いからこそ、私たち社会教育行政関係者はプライドを持って職務にあたっていくことが肝要ではないかと思います。

（3）セクションの違いによる役割の違い

　社会教育行政と言っても、様々なセクションが存在します。社会教育主事が配置されるのは、生涯学習課・社会教育課、公民館、社会教育センター、生涯学習（推進）センター、教育事務所、教育センター、青少年教育施設等、多岐にわたります。

　これらのセクションでは、それぞれの施設の設置目的に応じた事業を、社会教育主事等が担当しています。その違いから、それぞれの社会教育主事等は、前述の1～6の役割の中のいくつかを重点的に職務として取り組んでいます。

　例えば、生涯学習・社会教育課では、社会教育計画の策定とそれに基づく施策化、予算化が主務となります。公民館は、生涯学習・社会教育課からの令達予算（予算編成に基づく割り当て予算額）に基づき、学習計画と学習機会の提供や組織課支援を主務として行います。教育センター等では、地域で活動する指導者の研修や育成といった人材育成を中心的に行います。

　したがって、1～6の役割の全てを同時に務めているという社会教育主事は、非常に少ないと思われます。とは言っても、社会教育行政の取組全体を俯瞰しながらそれぞれの職務を行っていく必要もあります。

　社会教育主事講習では、この1～6に必要な知識や技術の基礎を学ぶこととしているとともに、2020年度からの新課程ではより具体的な学習内容が設定されています。

　転勤は最大の研修という言葉もありますが、社会教育行政も複数のセクションを経験するほど、多くの資質・能力が得られると感じています。そこで、皆さんがどのような職務を果たしてきたのか、簡単な質問紙でチェックしてみましょう。

❷ 社会教育主事としての職務内容チェック

　図2は社会教育主事としてどのような職務をこれまで果たしてきたかをチェックするシートです。使い方は簡単で、質問項目に当てはまっていれば、その行の空白になっているところに○をつけます。

　全ての質問項目に回答し、縦方向に○の数を合計すると、「学習機会提供」「計画策定」「情報収集・発信」「組織課支援」「連絡調整」「人材育成」の項目、つまり前節で説明した社会教育主事に求められる役割に対応した値が出てきます。

　これらの項目をレーダーチャートで表せば、その人の社会教育行政において果たしている（果たしてきた）役割が視覚的に明確になります。

これまで携わったことがある業務	当てはまる場合は空欄に○をつけて下さい					
例）社会教育に関する業務		○				
1 地域課題解決のための人材育成						
2 事業の予算要求						
3 学習サークル化への支援						
4 地域活動リーダーの発掘						
5 社会教育に関する各種状況調査						
6 冊子やHPによる各種情報発信						
7 地域学校協働本部等の立ち上げ支援						
8 地域住民を対象とした学習機会の提供						
9 社会教育計画等の計画の策定						
10 地域住民や団体を対象としたアンケート調査						
11 地域課題解決のための学習機会の提供						
12 ボランティア等のグループ化支援						
13 社会教育関係者のための研修機会の提供						
14 ボランティアや関係団体の活動の場の開拓						
15 地域住民の主体的な学習機会の支援						
16 コーディネーター同士の交流の機会の創出						
17 地域住民の学習ニーズの把握						
18 講座等の学習情報提供						
19 地域活動支援を行うグループの設立支援						
20 施策や事業の企画・立案						
21 学校支援ボランティアの学校への紹介						
22 地域コーディネーターの養成						
23 施策・事業の評価						
24 ボランティア等のネットワーク化支援						
○の数の合計（列の○の合計の数）						
	学習機会提供	計画策定	情報収集・発信	組織化支援	連絡調整	人材育成

図2．社会教育主事としての職務内容チェックシート

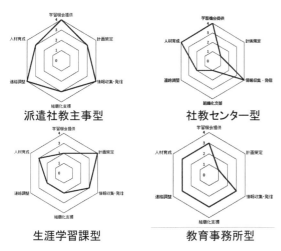

図3．チェックシートによる分析結果のレーダーチャート

　図3はこれまで試行的に実施した結果を基に、その傾向を示したものです。派遣社会教育主事つまり市町村の社会教育主事は多様な職務を遂行することから、最も面積が広くなる傾向があります。生涯学習課の社会教育主事は計画策定や人材養成等は高くなるもののその他は低い傾向にあります。社会教育センター（生涯学習推進センター、教育センター）の社会教育主事は人材養成や情報収集・発信、学習機会提供等は高くなるものの、他の職務は低い等の傾向が見られています。そして、いくつかのセクションを経験した場合は、それぞれのチャートの包絡線（足し合わせた線）となることから、線で囲まれる面積が広くなっていきます。さらに多くのセクションで経験された方は、限りなく六角形に近い形になっていくことでしょう。

　このチェックシートの結果が示すように、社会教育主事といっても、勤務場所によって、求められる役割が異なっているということを押さえておく必要があります。同時に、「社会教育主事の役割はわかり難い」との指摘に対しては、勤務場所による違いを明確に説明する必要があるでしょう。

　一方で、社会教育主事講習ではこれらの6つの職務を遂行するにあたっての基礎・基本を学ぶことができるものです。それぞれの勤務場所におけるOJT（On-The-Job Training）によって、その専門性を高めることができます。皆さんもその専門性を後進に伝えながら、社会教育の推進の充実を目指していきましょう。

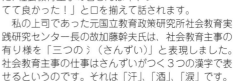

コラム2

三つの氵（さんずい）

　社会教育主事のやりがいとは何でしょう？それは、人によって状況によって変わると思います。ただ、社会教育主事の皆さんは「やってて良かった！」と口を揃えて話されます。

　私の上司であった元国立教育政策研究所社会教育実践研究センター長の故加藤幹夫氏は、社会教育主事の有り様を「三つの氵（さんずい）」と表現しました。社会教育主事の仕事はさんずいがつく3つの漢字で表せるというのです。それは「汗」、「酒」、「涙」です。

　社会教育主事は様々な職務を足を使って「汗」をかきながら遂行していきます。時にはコミュニケーションが深まる「酒」の席で地域リーダー等をその気にさせます。いわゆるノミニケーションというものです。そして、事業を上手く実施できた折には、一人「涙」して余韻に浸るというものです。

　このようなやりがいをお互いに感じながら、日々の職務に励んでいきましょう。

I-9 連携・協働をあらためて考えてみよう！

平成 27 年 12 月に、中央教育審議会から出された、いわゆる「協働答申」を受けて、「地域学校協働活動」や「地域とともにある学校づくり」など、連携・協働の取り組みが注目されています。ここでは「連携・協働」について考えてみることにします。

1 連携・協働をなぜ行うのか

そもそも、なぜ連携・協働を推進するのでしょう？　その目的をきちんと押さえておく必要があります。

連携・協働を推進する理由は、自治体によって千差万別ですが、ここでは次の3点に焦点化して考えていきます。

```
① 事業内容の充実
② ヒト・モノ・カネ・情報の確保
③ 持続可能な体制づくり
```

（1）事業内容の充実

連携・協働の目的として、まず挙げられるのは事業内容の充実です。

それぞれの主体は、様々な強み（教育資源）を有しています。それらの強みをお互いが生かし合うことで、事業内容の充実を図ることができるのです。連携の効果は 1 ＋ 1 ＝ 3 とよく例えられるように、相乗効果で双方が有する強みを、これまで以上に生かしていくことが期待されます。

事業がマンネリ化している、事業目標に到達できない、取組に閉塞感があるといった際には、連携・協働による新展開を探るのも効果的です。

（2）ヒト・モノ・カネ・情報の確保

自治体でも、予算や人員の削減のほか、事業を運営していくための資源が減少傾向にあります。さらに、財政当局も毎年のシーリングに加えて、事業予算も長くて3年程度で見直しを求めてくることが多いことから、事業継続のための資源の確保を行っていく必要があります。

そこで、連携・協働により、様々な主体と「ヒト・モノ・カネ・情報」等の資源を共有しながら、より良い事業展開を目指していくことができます。ここで、具体例を示してみます。

```
【ヒト】
・各主体の相互協力による人材養成
・専門的知識を有した人材の相互交流
・事業等の協働運営・実施・成果検証
【モノ】
・教育資源（施設、教材等）の相互利用
・取組のノウハウ・成果等の共有
・ネットワーク組織（仕組み）の共有
【カネ】
・共催等による予算の相互活用
・連携・協働による経費の節減
・連携・協働による外部資金の調達
【情報】
・団体・サークル等の情報交換・共有
・市場情報等のデータベースの共有
・学習プログラム等案内情報の共有
・危機管理情報の共有
```

このように、連携・協働によって、様々な教

育資源等の確保を行うことが期待されます。

（3）持続可能な体制づくり

社会教育行政における施策は、最終的に地域住民の自主的な学びや活動のための仕組みづくりを目指していく必要があります。

その実現のためには、いつまでも事業予算を確保し、行政が関わりながら取組を行っていくのではなく、地域住民や団体、企業等の参画を目指していく必要があるのです。

そこで、まずは自治体内の他部局と連携・協働することで、各部局との関わりのある地域住民や団体等とつながることができるのです。また、企業と連携することは、従業員やスポンサー等とのつながりができるだけでなく、自主的な資金の調達にもつながる可能性があります。

学びを通して人を育て、サークル活動等への発展で組織化を支援し、地域の活動につなげて地域づくりへの参画を促すという、社会教育行政のセオリーの中で、まさに最終ステージの部分で必要なのが連携・協働の視点であると言えるのです。

❷ 戦略的な連携・協働を目指して

（1）連携・協働を見据えた事業の企画

実際の地域社会の現場における連携・協働にあっては、事業実施の中で関係の主体と出会ったりするなど、「偶発的」な展開が多いのかもしれません。

このように、実質的な連携・協働の展開は良いことなのですが、戦略的かつ波及効果の高い

施策の展開を目指すのであれば、企画・立案の段階から、連携・協働の視点を有しておくことが重要であると言えるでしょう。

そこで、連携・協働を見据えた事業の企画・立案を行う際、具備すべき点について、順を追って考えていきます。

①自分たちの強みを確認

まず、連携・協働を考えるためには、自分たちにどのような強みがあるのかを確認する必要があります。そして、その強みを、連携先の主体が自分たちの取組等に取り入れていきたいと考えるかどうかを確認することが重要です。

ここで、社会教育行政としての基本的に持っている強みとしては、次のようなものが挙げられます。

○専門的な教育職員が存在する
○効果的な学習プログラムがある
○地域活動の指導者との繋がりがある
○公民館等の学びや活動の拠点がある
○社会教育関係団体との繋がりがある
○学校との繋がりがある
○行政としての信頼がある

ネットワーク型行政における成功例を確認すると、このような強みのいくつかを複合的に絡めて、関係主体との連携・協働を進めていることが窺えます。

例えば、栃木県教育委員会において開発した「地域元気プログラム」の取組があります。6章でも述べましたが、当該プログラムは地域課題解決のための学びを通して、具体的な地域活動に繋がることを目指した参加型学習プログラムです。

プログラムの発行後、市町村において自治会を担当する市町村課や、民生委員を担当する保健福祉関係課からの問合せが多くあり、研修会への講師の派遣や具体的な活動の実施など、教育行政だけでは普及することができない範囲での展開が行われています。

このことは、他部局の取組においては、これ

まで地域課題解決を通した地域づくりが重要と理解されていても、地域社会に浸透させる具体的な手段がわからない状況であったということです。そこで、「地域元気プログラム」が大きな「強み」になったのです。

②相手のニーズや課題を確認する

次の段階として、連携・協働先のニーズを把握することが大切です。すなわち、相手が困っていることをいかに支援できるかということです。

首長部局の取組においては、啓発的な取組が多いため、実際に動いてくれる「ヒト」を育成する必要があったり、地域の代表者からなる組織が存在しても、実際に動いてもらうためのノウハウや学習プログラムがないため、その構築に着手する必要があったりといった「課題」が考えられます。

また、民間企業やNPOにおいては、行政と連携・協働することによる信頼の獲得や、イメージ向上を求めるといった「ニーズ」が想定できます。

これら「課題」や「ニーズ」については、先に確認した自分たちの「強み」が、相手にとっていかに役に立つ資源であるかを改めて検討していく必要があります。

「ニーズ」をうまく捉えた好事例としては、北海道教育庁の「北海道家庭教育サポート企業等制度」があります。これは、家庭教育支援に取り組む企業等と北海道教育庁が協定を結び、相互に連携しながら様々な取組を行うものです。

具体的には、企業の家庭教育支援に関する取組状況をホームページに発信したり、企業の職場で実施する研修会に講師を派遣等を行う事業です。

企業そのもののイメージアップを図りたい、職場の家庭教育支援の機運の醸成を図りたいという企業側の「ニーズ」を、事業の企画立案者が的確に捉えたのです。その結果、多くの企業の賛同を得て、事業が実施され、地域社会に広く浸透しています。

③取組の目標を共有できるか確認する

最後に、連携・協働による取組や活動が、ど

の程度同じ目標を共有できるかを確認する必要があります。目標が共有できない活動は、活動の深みと継続性といった点で、課題を残すことになります。

ここで、私のイメージの数式ですが、

> 連携活動の充実＝A×B×COS θ
> A：主体Aの活動内容
> B：主体Bの活動内容
> θ：それぞれの活動目標のズレ
> （0～90度とします）

という関係があると考えます。

何やら難しく感じる方も、なるほどと思われる方もいらっしゃると思いますが、大げさなものではありません。

つまり、A、B双方の主体が目指している方向性が一致していれば、最大限になり、90度ずれていればゼロになるということです。目標を共有しない活動ほど、弱いものはありません。

企画の段階で、双方が目指す目標の擦り合わせをしていくことが、持続可能な体制づくりに繋がるのです。

目標を共有した連携・協働のわかりやすい例としては、長野県松本市の取組が挙げられます。松本市では、目指す都市像「健康寿命延伸都市・松本」を庁内各課が目指し、組織的に取組を展開しました。

健康づくりの視点を、「人の健康」、「生活の健康」、「地域の健康」、「環境の健康」、「経済の健康」、「教育・文化の健康」の6つに設定し、

部局の枠を超えて施策展開されました。

　教育委員会は公民館が主体となって、様々な地域課題に関する学習会を設定するとともに、「地域振興」、「地域福祉」、「教育・学習」の機能を備えた「地域づくりセンター」としての展開を図るなど、地域づくりの拠点としての役割を果たしています。

　目標が共有されていれば、連携・協働は効果的かつ効率的に進んでいくでしょう。

③ 連携・協働のパートナーを知ろう

　自治体内や地域には様々な主体が活動しています。場合によっては、身近であるが故に見落としていたものもあるかもしれません。参考までに連携・協働が期待できる、各部局と繋がりの深い機関・団体等を挙げてみます。

①保健福祉関係部局

- ・地域包括支援センター・栄養士会
- ・消費生活センター
- ・医師会、歯科医師会
- ・介護福祉士会
- ・民生委員協議会
- ・社会福祉士会
- ・老人クラブ連合会
- ・ボランティア連絡協議会
- ・老人福祉施設協議会
- ・ホームヘルパー協議会
- ・社会福祉協議会

②労働関係部局

- ・経営者協会
- ・労働者福祉協議会
- ・シルバー人材センター
- ・介護労働安定センター
- ・職業能力開発協会
- ・商工会議所
- ・中小企業団体中央会
- ・青年会議所
- ・生活協同組合
- ・社会保険労務士会

③農政関係部局

- ・農業試験場
- ・農業大学校
- ・農業協同組合
- ・農業会議所
- ・地方卸売市場
- ・漁業協同組合
- ・農業法人協会
- ・食品産業センター
- ・農業改善センター
- ・農業振興公社

④建築関係部局

- ・建築設計協同組合
- ・建築士事務所協会
- ・建設業協会
- ・宅地建物取引業協会
- ・不動産協会
- ・測量協会
- ・水道局
- ・下水道公社
- ・河川協会
- ・建設産業団体連合会

　本章では、連携・協働について改めて考えてきました。ただ大切なのは、学習プログラムであれ地域指導者であれ、他の主体が欲しがる「強み」を持つことが基盤となります。まず、自分たちの取組を見つめ直してみましょう。

　そして、戦略的に事業を企画・立案しながら、効果的な連携・協働に結びつけていきましょう。

I-10 学校との連携・協働について考えてみよう！～その１～

前章では、様々な主体との連携・協働について考えてみました。ここからは、現在の社会教育行政の施策として重要な柱の一つとしての、学校との連携・協働について考えてみましょう。

1 学校との連携・協働の経緯

　まず、学校と地域の連携・協働の経緯について確認してみましょう。表1は、これまでの学校と地域の連携・協働に関するトピック的な事項をまとめたものです。これを見ると、学校と地域の連携・協働は、長い時間をかけてゆっくりと少しずつ進んできたことが分かります。

表1　学校と地域の連携・協働に関する事項

1976（昭和51）年　学校体育施設の開放事業の推進 　　　　　　　　　　（文部事務次官通知）
1987（昭和62）年　「開かれた学校」 　　　　　　　　　　（臨時教育審議会第三次答申）
1996（平成 8 ）年　学社融合（生涯学習審議会答申）
2006（平成18）年　教育基本法改正 　　　　　　　　　　（学校と地域の連携の条文追加）
2015（平成27）年　学校と地域の連携・協働 　　　　　　　　　　（中央教育審議会答申）

　この中で、1987（昭和62）年には、臨時教育審議会第三次答申において「開かれた学校」が提唱され、施設の開放の範囲を超えて、学校施設の社会教育事業等への開放、学校の管理・運営への地域・保護者の意見の反映等をはじめとする社会に開かれた学校経営への努力が示されました。
　また、1996（平成8）年に出された生涯学習審議会答申『地域における生涯学習機会の充実

方策について』においては、学校教育と社会教育が学習の場や活動など、両者の要素を部分的に組み合わせながら、一体となって子供たちの教育に取り組んでいこうとする「学社融合」の考え方が示され、各地での実践が活発になりました。この「学社融合」の取組は、学校教育と社会教育がそれぞれの活動を相互補完する「学社連携」をさらに進めたもので、その活動は学校教育であると同時に社会教育でもあり、個別に行った場合には得られない教育効果を得ることができるとして実践されたものです。
　例えば、学校で生徒に対して行われる健康に関する内容を扱った「保健体育」の授業を、市民大学の「健康教室」の講座として地域住民に開放し、大人も一緒に受講するといったものです。これにより、生徒にとっては大人が学んでいる姿に触れることにより、生涯を通じた学びの大切さを実感する機会となる一方、大人にとっては生徒と一緒に学ぶことで新たな学習の動機付けにもつながっていくなどの教育効果を期待したものです。
　以降、学校と地域の連携・協働に関する取組が推進され、学社連携・融合の取組が始まって10年後にあたる2006（平成18）年には、国の教育に関する根本的・基礎的な法律である教育基本法の改正が行われ、学校、家庭及び地域住民等の相互の連携協力に関する条文が追加されました。条文が新設された次年度にあたる

44

2007（平成19）年には、学校の教育活動を地域が支援する「学校支援地域本部事業」が開始され、学校と地域の連携体制づくりがすすめられました。

　教育基本法の改正から約10年を経過した2015（平成27）年12月には、中央教育審議会より「新しい時代の教育や地方創生の実現に向けた学校と地域の連携・協働の在り方と今後の推進方策について（答申）」（以下「協働答申」と記す）が出され、地域における学校との新たな関係（連携・協働）への発展が示されました。そして、地域住民等が学校のパートナーとしてより主体的に参画していく必要性が打ち出されています。この答申を踏まえて、学校運営協議会の設置の努力義務化やその役割の充実などを内容とする、「地方教育行政の組織及び運営に関する法律」の改正が行われ、2017（平成29）年4月1日より施行されました。

　このように、学校と地域の連携は、10年ごとに大きな体制整備がなされながら、長い時間をかけて醸成されてきたものといえようかと思います。今こそ、これまでの社会教育行政が蓄えてきた、地域の教育資源（ヒト、モノ、コト等）を活用して、学校との連携・協働をとおした地域づくりに取り組んでいく好機であるといえます。

2　社会教育行政として学校との連携・協働を進めていく意義

　それでは、学校との連携・協働を進めていく意義を、社会教育行政の立場から考えてみましょう。

（1）生涯学習の視点

　公民館の講座等で「地域課題の解決」等の必要課題に関する講座を開催するといった場合、どれほどの地域住民が参加するでしょうか。多くの人を集めるには難しい場合が多いでしょう。

　しかしながら、「学校で子どもたちに教えてください」というと、多くに地域住民が手を挙げてくれます。これは、「他人のために役に立ちたい」という思いや、「子どもたちに知恵や技術を伝えたい」というような人間が潜在的に持つ思いによるものと考えられます。

　つまり、学校との関わりに関する取組は、大人が学んだ成果を生かすというの生涯学習の視点として重要なものとなります。場合によっては、子どもたちに教えるために学ぶという場面や、子どもたちと一緒に学ぶという場面もあることから、学校との連携・協働は地域住民の生涯学習という視点から重要なものとなります。

（2）地域づくりの視点

　「協働答申」では、これからの学校と地域の目指すべき連携・協働の姿として、「学校を核とした地域づくり」が示されています。これは、学校支援や協働活動で学校という場に集まった地域の人々が、学び合う場としてだけでなく、それをきっかけとして地域住民同士のつながりを深め、地域社会の活性化を図ることの必要性を示しています。

　学校支援をきっかけとして、大人同士のつながりをつくり、地域活動に取り組んでいくような仕組みづくりが、社会教育行政として関わるべき重要な視点となります。

（3）施策・事業の施策立案の視点

　行政の予算要求においては「大人の学び」だけでは、事業化が困難であるという行政内での課題があります。というのも、大人を対象とした学びの事業は「受益者が負担すべき」等の理由により、行政が負担すべき内容では無いとされることが多々あるためです。

　そこで、学校支援や子どもとの関わりという視点を入れて施策化を行うと、行政として取り組む必要性を色濃く盛り込むことができます。ベテランの社会教育行政職員は、大人の学びだけでなく、「学校支援」の要素を盛り込むことで、予算を獲得しているという状況もあります。

　つまり、学校と地域の連携は、他の生涯学習振興の施策より、事業化のチャンスがあるということです。いずれにしても、学校と地域の連携は、重要な課題として扱われているといえるでしょう。

③　学校との連携・協働によって期待される効果

　社会教育行政職員として、学校と地域の連携・協働を進めていくためには、何が必要なのでしょうか。

　それは、何よりあなた自身が「学校と地域の連携・協働の意義」を理解しておくことです。それ無しには、事業の企画や運営を行っていくのは難しいことでしょう。

　そこで、学校と地域の連携・協働によって期待される効果についてまとめてみることにします。

（1）子どもたちにとって

```
1「生きる力」の育成
2 地域への愛着の芽生え
3 社会性の向上
4 学力向上の基盤づくり
```

　まず、子どもたちにとっての効果ですが、地域連携の目的として、中心となるのが子どもた

ちの「生きる力」の育成です。子どもたちは、学校の教育課程における知識や技術等の修得と併せて、地域の人々との交流や地域での体験等による学びが必要です。そして、地域の人たちに褒められたり、叱られたり、一緒に汗をかいたりすることで、「生きる力」や地域への愛着等が育まれていきます。

　また、地域連携に力を入れ始めた学校でまず見られる変化が、「子どもたちが元気に挨拶をするようになった」ということです。教員とは違う、地域の人々との交流が子どもたちの社会性を育んでいるのです。

　さらに、全国学力調査を基にした解析結果では、地域の協力を得ている学校ほど、子どもたちの学力が高いという結果も出ており、地域連携は学力向上の基盤づくりにもつながっていることが明らかになっています。

（2）地域や保護者にとって

```
1 生涯学習活動の充実
2 地域教育力の向上
3 地域コミュニティの活性化
```

　地域や保護者にとっての効果としては、先に述べたとおり連携活動自体が、地域住民の生涯学習の機会にもなっているということです。

　また、連携活動をとおした、地域住民同士の交流は、地域コミュニティの活性化につながるだけでなく、地域の教育力の向上も期待されます。

（3）学校にとって

```
1 教育課題の解決
2 地域との信頼関係の構築
3 地域との協働
4 教育課程の質の向上
```

　連携活動は、地域側の効果だけでなく、学校にとっても様々な効果が期待されます。「地域とともにある学校づくり」が進められている現在、学校が地域との信頼関係を作っていくことは急務となっています。学校と地域が連携した

取組を重ねていくことで、地域との信頼関係が醸成されていきます。

また、学校には様々な教育課題が存在します。いじめや不登校、子どもの生活習慣の乱れ、学校への苦情への対応など、学校教員は様々な教育課題に毎日対応しています。このような課題も、地域住民と連携し、地域ぐるみで取り組んでいくことで解決につながっていくことも期待されます。

（4）教職員にとって

> 1 授業内容の充実
> 2 地域への理解の深まり

教員にとっては、地域の教育資源を生かした授業の展開など、授業内容の充実が期待されます。また、教員自身の地域への理解も深まっていきます。つまり、教員自身の指導力の幅が広がっていくということです。

以上のような、連携・協働による効果を、感覚的に押さえておくことができるかも知れませんが、本当の理解は、地域住民との学びで子どもたちが変わっていく状況を目の当たりにするといった実体験が必要であるのかも知れません。皆さんには、できるだけ現場の様子を見ていただくことをお勧めします。

4 社会教育行政職員として押さえておきたいこと

社会教育法上、社会教育は第二条おいて「…学校の教育課程として行われる教育活動を除き、…」と定義されているように、教育課程内での学習はその範疇外となっています。ただし、同法第9条の三においては、社会教育主事は学校の求めに応じて必要な助言を行うことができることが定められています。つまり、学校と地域の連携に限らず社会教育行政の基本スタンスは「求めに応じた支援」であり、学校との連携活動の推進においては、特に留意していくべき事項であるといえます。

しかしながら、冒頭に述べたように、学校と地域の連携は時間をかけて様々な取組の積み重ねで、しっかりとした基盤ができています。積極的に支援を行っていくというスタンスが必要です。

学校側では、地域にどのような教育資源があるのか、どのような人材がいるのか、何ができるのかというような情報を十分に把握していない状況です。

事あるごとに学校に顔を出して、情報提供に努め、その積み重ねから連携体制を構築していきましょう。

アドバイス 4

校内体制づくりにまず必要なのは？

地域学校協働活動の体制づくりを行いたいのだが、何をすればいいのかとよく聞かれることがあります。その時はほとんどの場合、学校と地域が連携する意義を校内研修で話し合うところから始めることですとアドバイスします。教員にとっては、大切な子供たちにどのような効果があるのかに関心があり、それを理解すること無しでは協力してくれません。さらに、地域との連携で連携の効果を実体験できなければ、本気で動いてはくれません。

まず、連携の効果に関するワークショップ等を開催して、忌憚のない話し合いを行いながら、共感的に理解する場を作っていく事が大変重要です。

I-11 学校との連携・協働について考えてみよう！〜その２〜

学校との連携・協働は敷居が高いと思われている方も多いでしょう。ここでは、社会教育行政としてどのように学校にアプローチしていけば良いかを考えていくことにしましょう。

1 学校にアプローチしていくには

学校と地域の連携・協働は、急進的に始まったものではなく、時間をかけてゆっくりと、その仕組みづくりが進められてきました（前章参照）。しかしながら、ここ数年は、地域学校協働活動やコミュニティ・スクールの進展等に伴い、その取組が急速に進んでいる状況であるといえるでしょう。

そこで、十分に連携体制ができている学校もあれば、連携のためのノウハウや体制づくりが十分に整っていない学校も見受けられる状況です。

そのような状況から、学校と地域の連携体制づくりについて、社会教育行政から支援を積極的に行っていくべき時機であるといえます。

それでは、社会教育行政職員として、学校との連携を進めていくためにはどのようにアプローチしていけば良いのでしょうか。

「学校経営方針」等の学校づくりの方向性を中心となって作成するのは、校長や教頭等の管理職です。そして、その後の管理（マネジメント）を行うのも管理職が中心となります。

したがって、社会教育行政から地域連携活動を支援する際には、管理職の理解を得ることが一番効果的と言えるでしょう。

そのためには、学校の管理職が「困っていること」や「支援して欲しいこと」を把握した上で、社会教育行政としての支援の提案をするこ

とが大変効果的であるといえます。

そこで、地域との連携・協働体制が充実した学校づくりを行っていく際に必要な、管理職の「リーダーシップ」と「マネジメント」を考えながら、管理職の気持ちになって、その支援のツボを探っていくことにします。

2 管理職のリーダーシップにより取り組むべきこと

ここで、私がこれまで携わってきた学校と地域の連携に関する取組をとおして、経験的に感じ取った管理職に求められるリーダーシップについて述べてみることにします。

学校と地域の連携において校長等の管理職がそのリーダーシップを果たすべき事項を表1にまとめました。

(1) 学校づくりに関すること

まず、管理職は学校づくりの方向性を決めるという大きな役割があります。具体的には

---

(1) 学校づくりに関すること
　①「学力」の捉え方の表明
　②学校としての連携方針の表明
(2) 組織づくりに関すること
　①地域連携に関する校務分掌の充実
　②地域コーディネーターの設置

（3）教職員の意識啓発に関すること
　　①地域連携に関する研修会の実施
　　②地域連携に関する職員間の熟議の
　　　促進

「学校経営方針」等を作成し、自校における子どもたちへの教育の在り方を示します。ここで必要なのは、「社会に開かれた教育課程」に示されるように、地域の様々な教育資源を生かしながら、子どもたちを育てていく視点を方針に位置付けていくことです。

　そのためには、管理職が「学力」をペーパーテストの得点だけでなく、判断力や表現力、主体性や協働性についても「学力」と捉え、それぞれの観点から子どもたちを地域と連携・協働して教育していくことを全教職員や地域住民に表明していくことが礎となります。

　図1は、学校教育法第30条に示されている教育の目標を達成するために子どもたちに身に付けさせるべき内容であり、「学力の三要素」とも言われています。

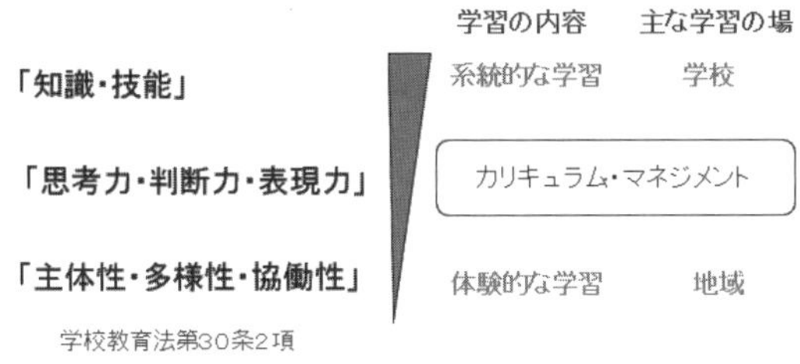

図1　学力の捉え方（学校教育法を基に井上が作成）

　一般に「学力」というと、学力テストで測られるような、「知識・技能」、「思考力・判断力・表現力」がクローズアップされますが、学校教育法においては、「主体性、多様性、協働性」等も学力として捉えられています。

　これらの事項の涵養については、学校での教師による学習を基盤として、地域住民の支援による学習や地域での学習が必要不可欠であることが分かります。

　そこで、学校の管理職は、これらの力を子どもたちに身に付けさせるために、地域の教育資

源を活用した授業の展開を行ってくことを学校経営方針等で表明していく必要があります。

　その際、学校の管理職は地域の教育資源の状況や学校を支援する地域住民の状況等の情報があると方針を策定しやすくなります。そこで、社会教育行政として、

> 学校の管理職に、地域の教育資源（ヒト、モノ、コト等）やボランティア情報を伝えていく

ことが、重要な支援となります。

　学校支援につながるような情報をまとめたものを校長先生等に渡すなど、管理職が連携の在り方を表明するのに必要な情報を提供することが必要となります。

（2）組織づくりに関すること

　次に、学校の管理職のリーダーシップで行っていくべき事項は、連携のための校内の組織づくりに関する事項であり、地域連携のための窓口教員や地域コーディネーターを設置することがあげられます。

　現在、地域との連携における学校側の窓口として「地域連携担当教員」等を設置している都道府県が増えてきました。管理職としては、この担当教員の設置とともに、連携活動に効果的に携わることができるよう、校務分掌への配慮や連携のためのチーム体制づくりが求められます。

　また、地域連携担当教員の設置とともに、地域側の窓口である「地域コーディネーター」等を設置していくことが喫緊かつ重要な課題となっています。学校の管理職は、その選任のための人材情報と設置のための支援を求めています。そこで、社会教育行政として、

> 地域コーディネーターとして活躍できる人材情報を提供するとともに、公民館職員等の地域をよく知る職員が相談相手になれるようにする

ことが、重要な支援になります。

　地域コーディネーターの設置は、連携活動の実施における教員の負担を大幅に軽減することが期待されます。しかしながら、例えば、栃木県内の状況を見ても、小中学校における設置は、50%前後にとどまっており、その設置が急務となっています。地域コーディネーターは、「保護者・元保護者」「自治会役員等」「元教員」「行政職員」等が務めている状況です。管理職との話し合いをとおして、適任の方を紹介できると効果的です。また、地域コーディネーターは一人より二人、二人より三人といったように、複数配置が効果的であることも併せて伝えると管理職の学校運営の幅が広がります。

（3）教職員の意識啓発に関すること

　連携活動の推進のための最大の課題は、教職員の地域連携に関する理解の促進があります。以前までは管理職の理解が一番の課題でしたが、全国の様々な実践や国の政策の進展等によって管理職の地域連携に関する理解は高まっていると感じています。

　教職員の連携活動の理解のためには、「連携の効果に関する学習」+「成功体験」が必要です。そこで、それぞれの学校で実施される「現職教育」等の教員同士での学習の機会に、地域連携に関するテーマを取り上げたり、地域連携に関する事項を「熟議」したりする場を、管理職のリーダーシップにより設定していくことが重要となっています。そこで、社会教育行政として、

> **教員の地域連携に関する理解を深めるためのワークショップ等による学習支援を行うことができる**

ことを提案してみることが効果的です。

　教員自らが企画することは負担が多くなることから、積極的に社会教育行政職員によるワークショップ等での研修会の実施を提案し、教員とのつながりづくりを目指すことが効果的です。

❸　管理職のマネジメントにより取り組むべきこと

　次に、管理職が行うべき地域連携に関するマネジメントから支援の方法を考えてみることにします。

表2　管理職のマネジメントで行うべきこと

> **（1）地域連携計画に関すること**
> 　①地域連携計画の作成
> 　②連携活動の危機管理
> 　③連携活動の地域への発信
> **（2）連携活動の成果の確認**
> **（3）持続可能な体制づくり**
> 　①連携教員やボランティア等の負担感の確認
> 　②組織的な連携体制の確認

（1）地域連携計画に関すること

　まず、管理職は自ら考える学校づくりを実現するために、どのような連携活動を行っていくかをマネジメントしていく必要があります。そのためには地域連携担当教員等が作成する地域連携計画を年度当初にすり合わせて確認する必要があります。

　更に、連携活動の危機管理体制の構築はもちろんのこと、連携活動の状況を地域に発信していく必要があります。地域への発信は、地域住民が学校でどのような活動が行われていくかを知ることができるとともに、「自分たちもやってみよう」という新たな応援団を得ることにもつながっていきます。そこで、社会教育行政と

して、

> 地域連携計画を作成する際に、地域連携
> 担当教員を支援することができること、
> 連携活動の状況を広く地域住民に広報す
> ることができる

こと等を伝えてみることが効果的でしょう。

（2）連携活動の成果の確認

また、連携活動は前章で述べたように様々な成果が期待できます。そこで、「良かった」だけで終わりにならないよう、アンケート等の調査を行って、取組の成果を顕在化していく必要があります。そこで、社会教育行政として、

> 連携活動に関わる地域住民へのアンケー
> ト等に協力できる

こと等を提案すると、学校として新たな負担なしに必要な情報を得ることができることから、非常に有効な支援につながることが期待されます。

（3）持続可能な体制づくり

連携活動は子どもたちにとって大切なものであることから、一過性のものであってはなりません。そのためには、学校と地域の連携体制を持続的なものになるよう支援していく必要があります。そのためには、地域連携担当教員や地域コーディネーターに過剰な負担感があれば、その軽減を図っていく必要があるでしょう。また、「今うまくいってるから地域コーディネーターなど必要ない」という学校において、今後の状況の変化を考え、「うまくいっている時に体制を整えましょう」という支援が必要になります。そこで、社会教育行政として、

> 地域コーディネーターへの活動支援や情
> 報提供等を行うこと、コミュニティスクー
> ル化等の連携体制づくりを支援できる

こと等を提案していくと学校の管理職にとって大変心強い支援となるでしょう。

学校運営協議会は学校評議員と違って、学校づくりに一緒に汗をかいてくれる方が委員とならなければ、成果が期待できません。その人選にあたっても、学校に地域のキーマンの情報を提供することが、大きな支援につながっていきます。

学校の状況を把握し、相手が求める支援を考えながら、そのチャンスを捉えていきましょう。

アドバイス5

学校の下働きはいやだという公民館に対しては？

地域学校協働本部の中には、公民館に本部を置いて協働の中心的な役割を果たしている公民館もあれば、公民館主事や社会教育指導員がコーディネーターとして活躍している事例も見られます。しかし、公民館の中には、「それは私たちの役割ではない！」、「学校の下働きはいやだ！」という公民館があるという話を耳にし、とても残念に思います。

そもそも、そのような公民館職員は本来の公民館の役割や使命を理解していないのではないかと推察されます。学習機会を提供しているだけで、貸し館だけを行っているような公民館には、地域学校協働活動を持ちかけてもピンと来ないのは当然です。

公民館の本来の役割は、学習機会の提供とそれを通じた地域コミュニティの活性化、地域づくりにあります。そうはいっても、通常の公民館活動だけでは、地域コミュニティの活性化を実現するには多くの労力が必要である状況です。

そこで、学校との協働活動を通じて、地域の大人の参加を得ていくことは、公民館としても本来の目標達成のために、大変重要かつ効果的な方法であると言えます。もし、地域学校協働活動に協力を渋る公民館長には、私なら次のように問いかけます。

①この公民館は何を目指していますか？
②地域づくりに関わる活動は十分できていますか？
③地域づくりに関わる住民は集まりますか？
④学校との連携は地域づくりにつながりませんか？

このような問いかけで館長のお考えをお聞きした後で、協働活動により地域の大人が地域に出くる事が期待できることを説明します。ただし、①で地域づくりが目標である事が出てこない公民館では、いくら地域学校協働活動を持ちかけても協力することはないでしょう。

I-12 地域学校協働活動を進めるために①
～「地域」について考える～

　現在の社会教育行政において、地域学校協働活動等の学校と連携に関する施策は非常に重要になっています。ここでは、その基本となる地域の捉え方について考えてみましょう。

1　社会教育行政としての地域とは

(1)　連携・協働の視点

　社会教育行政として、学校と地域の連携・協働を支援するということは、どのような意味があるのでしょうか。社会教育行政職員として学校との関わりを考える際には、まず押さえておきたいところです。

　そこで、学校と地域の連携・協働に社会教育行政が関わる視点としては次のようなものがあげられます。

○学校支援によるボランティア活動の活性化など地域の人材を活かす視点（ヒト）
○連携活動をきっかけとして、地域の文化財や公民館等の資源利用の活性化を図る視点（モノ）
○連携活動での伝統文化や行事の実施をとおして子供たちと地域住民の交流を活性化する視点（コト）

　これらの、ヒト・モノ・コトを活かす視点が、社会教育行政として学校との連携・協働に関する施策・事業を展開する切り口となります。

　そして、これらの視点での取組をとおして、「学びをとおした人づくり・地域づくり」を最終的に目指していくことになります。

　これらの視点を押さえて取り組むことで、個々の連携活動をより意義のあるものにすることができるでしょう。

(2)　地域の教育資源とは

　学校と地域の連携・協働に関する施策展開には、「地域の教育資源の活用」が重要となります。そこで、地域の教育資源とはどのようなものなのか考えてみることにします。

地域の教育資源（例）

【ヒト】
・地域住民　・学校支援ボランティア
・公民館自主グループ　・商店会
・自治会　・教職員　・PTA
・高等教育機関　・社会教育主事
・司書　・学芸員　・企業
・社会教育関係団体　等

【モノ】
・文化財　・史跡　・街のシンボル
・名産品　・名所　・青少年教育施設
・学校　・公民館　・博物館
・図書館　等

【コト】
・伝統文化活動　・地域行事
・学校行事　・子ども会活動
・ボランティア活動
・社会教育の手法（学習プログラム、
　ワークショップ、ネットワーク等）
・地域に関する各種情報　等

これらの例を見ると、地域にはたくさんの教育資源があることがわかります。日頃、教育資源として認識していなかったものも、実は重要な資源であったりするものです。

社会教育行政職員としては、これらの「登場人物」や「活動の場」、そして「活動内容」等を組み合わせながら、学校と地域の連携・協働活動を描いていく必要があります。

そして、学校や地域の求めに応じて、これらの資源を紹介し、つなげていくことができるよう、日頃から情報収集に努めていく必要があるでしょう。

2 「地域」の捉え方

学校と地域の連携・協働を考える際に、「地域とは何を指すのか」という議論が、特に教員間で行われる場面を目にします。教員として地域連携活動に携わる際に、その範囲をはっきりさせたいという気持ちはよく分かります。また、生徒の通学範囲が広範囲になる高等学校では「地域は広すぎる、高校に地域はない」と感じる教員の考えも分からなくもありません。

そこで、「地域」をどのように捉えればいいのかを考えてみることにしましょう。

(1) 地域連携活動の目標と内容

まず、地域とは何を指すかを考える前に、地域連携の目標やその内容について考える必要があります。そこで、小学校・中学校・高等学校それぞれの発達の段階において、地域連携活動の目標が違ってくることを押さえておく必要があるでしょう。

図1は、栃木県教育委員会が教員に対して、地域連携の目的等について示しているものです。小学校・中学校・高等学校のそれぞれの段階における地域連携活動の目的が例示されています。

小学校段階では学校において学校支援ボランティアと接する機会が多いことから、「地域の人々の顔を知る」「地域の人との関わりを学ぶ」が目標として設定されています。

中学校段階になると、生徒が地域に出て活動することが軸となるため、「地域を学び地域の役に立つ」「地域の中の自分・役割を学ぶ」と地域との関わりが設定されています。

高等学校段階では、それまでの様々な学びを基に、自ら地域の課題解決の取組などに参画することが求められることから、「学んだ成果を地域で生かす」「地域課題解決、キャリア教育等」が目標となっています。

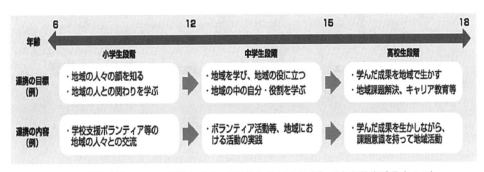

図1　地域連携における目標と内容（「学校と地域を結ぶ」栃木県教育委員会より）

これらの目標を達成するためには、それぞれの発達の段階において、「体験しておくべきこと」「出会っておくべき人」があるということを押さえておく必要があるのです。

これらの体験を一つずつ積み上げていくことが重要であり、小学校、中学校で地域での活動を十分に行ってこなかった子供たちが、いきなり「地域での課題解決」を高等学校の段階で行うことは難しいということは容易に想像することができるでしょう。

社会教育行政職員として、このような子供たちの発達の段階の特性を踏まえて、どのような活動を支援していくかを考えていく必要があります。

(2) 地域とは何を指すか

そこで、地域とは何を指すかという話に戻します。図1のような、各発達の段階ごとの、連携の目標や連携の内容を実現していくためには、どのような主体と連携・協働していく必要があるのかを考えてみます。

図2は発達の段階による地域の捉え方を例示したものですが、これと図1を併せて見ることで、地域とは何かが見えてきます。

図1の小学校段階の連携活動の目標は、学校支援ボランティアをはじめとする地域住民との交流であることから、連携先は、「地域住民」「PTA」「自治会」等の学校に身近な主体が「地域」となります。

一方、中学校段階では生徒が学校を出て地域で活動する場面が多くなることから、学校近辺だけでなく、「商店会」や「公民館」、「関係団体」等、学校を少し離れた場所も「地域」としてエリアが広がっていきます。

そして高等学校段階になると、生徒が地域課題の解決やキャリア教育といった、課題に応じた体験が必要となっていくことから、「行政」や「企業」、「高等教育機関」も連携主体となり、「地域」のエリアはさらに広がっていきます。

つまり、子供たちの連携活動を考える際には、「地域」は、その発達の段階によって変わっていくということを捉えておく必要があります。

このように、「地域」をしっかりと捉えておくと、学校への支援の糸口を見つけたり、学校の求めに応じた適切な支援に繋がることが期待できます。

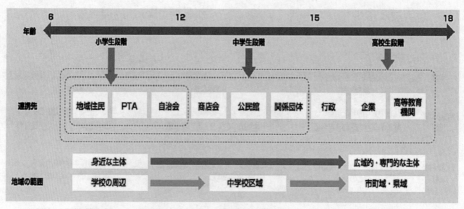

図2　発達の段階による地域の捉え方（「学校と地域を結ぶ」栃木県教育委員会より）

3 社会教育行政としての支援

　以上のように、連携・協働の目標や地域の捉え方について述べてきましたが、社会教育行政としてどのような支援が効果的なのかを最後に考えてみましょう。

(1) 小学校への支援

　小学校では、学校支援ボランティアが、本の読み聞かせなどの様々な活動や、ミシンの実習の補助など教科の中での学習支援等で活躍しています。また、地域の施設などでの体験活動では、地域の住民が関わりながら学習を進めています。

　したがって、小学校への支援としては、学校支援ボランティアの養成や確保、地域の教育資源の情報提供などの支援を軸として考える必要があります。

(2) 中学校への支援

　中学校では、生徒自身が地域に出て、ボランティア活動を行ったり、調べ学習を行ったりという場面が多くなります。また、地域を学び、地域の役に立つという経験が重要となることから、単なる活動ではなく、交流という側面も必要となります。

　そのため、個人としての関わりよりも、グループや団体など、組織的に関わっていくことが効果的であることから、社会教育行政が持っている、地域におけるネットワークの活用が有効となります。

　また、活動の場も学校外が多くなることから、公民館をはじめ地域での様々な活動の場を紹介していくことも効果的な支援になっていきます。

(3) 高等学校への支援

　高等学校では、生徒自身がこれまでの学びの成果を生かしながら、地域の課題解決やキャリア教育を地域を場として展開することが重要となります。

　そこで、連携の範囲は身近な地域だけでなく、取り上げる課題を所管する行政部局、高度な専門知識を有する企業や高等教育機関も重要な連携先となります。

　そのような広域のネットワークづくりを支援できるのも、ネットワーク型行政の中核としての役割が期待されている社会教育行政であり、積極的な支援が求められています。

　本章では地域学校協働活動を進めるために、その基本となる「地域」について考えてきました。いわゆる「協働答申」以来、学校と地域の連携・協働は様々な体制整備と相まって推進されています。

　しかしながら、学校や自治体の状況には差が見られることから、社会教育行政職員として、地域住民とともに学校の教職員と十分に話し合い、地域連携の目標、必要な支援について明らかにしながら、連携・協働を進めていきましょう。

アドバイス 6

連携の範囲を決めるのは管理職のマネジメント

　全国の事例を見ると、小学校なのに高等教育機関や高度な研究機関等と連携しているものも目につきます。最先端の技術に触れることも子供たちの学びへの興味・関心を高めるために必要かもしれません。

　ただ、気にかかるのは小学生段階では、地域の人と身近にふれあったり、顔の見える関係を作ったりして行くことが、連携活動における重要な学習になります。学校としてはこのような小学校での必須事項を優先的に教育活動に位置づけていく必要があるでしょう。

　これは、一教員の判断ではなく、管理職が学校経営のマネジメントの中で決定していかなければなりません。社会教育行政職員としては、地域の教育資源の情報を提供しながら、学校の管理職のマネジメントを支援していくことも重要な役割になります。

I-13 地域学校協働活動を進めるために②
～地域コーディネーターについて考える～

ここでは、地域と学校をつなぐキーパーソンであり、協働活動を推進する上で重要な役割を担う「地域コーディネーター」について、行政職員の視点から考えてみましょう。

1 地域コーディネーターとは

(1) 地域コーディネーターの役割

まず、地域コーディネーターにはどのような役割が求められているのでしょうか。地域や学校の状況に応じて、その役割に違いがありますが、一般的に次のように整理することができるでしょう。

①情報収集

地域と学校をつなぐためには、地域コーディネーターは、各種情報を収集する必要があります。収集すべき情報を例示すると次のようなものがあります。

【地域の情報】
・地域の人材・団体（ボランティア等）
・地域の施設　・地域の伝統文化　等
【学校の情報】
・学校（教員）のニーズ　・教育方針
・教育課程　・学校施設　等

地域側の情報としては、前章で述べさせていただいた、「地域の教育資源」つまり、子供たちの学びに生かすことのできる地域の「ヒト・モノ・コト」が挙げられます。

一方、学校側の情報としては、教員がどのような支援を求めているのかというニーズがまず挙げられます。このニーズと地域の教育資源の情報があれば、コーディネートを行うことがで

きますが、学校の教育方針や教育課程、学校施設の情報等を把握しておくと、学校と地域を俯瞰した、充実した内容の連携活動を実現することができます。

②つながりづくり

次に、つながりづくりとして、次のような役割があります。

○地域のボランティアの募集
○学校へのボランティアの紹介
○ボランティアと教職員との関係づくり

地域コーディネーターは学校のニーズを基に、ボランティアを地域に募集します。そして、適したボランティアを学校に紹介して活動に結びつけます。

さらに、活動が円滑に行うことができるよう、また、更なる活動に結びつくよう、ボランティアと教職員、ボランティア同士の関係づくりを行います。

③マネジメント

次に、マネジメントとして、教職員とともに次のような事項に取り組みます。

○連携活動に関する計画の作成
○教職員との打合せの機会づくり
○連携活動の評価・改善
○研修の機会づくり　　　等

地域コーディネーターには、単なる地域と学校をつなぐだけでなく、学校の教職員とともに連携計画を作成したり、ボランティアの教育活動支援の評価等を行ったりしながら、連携活動の一層の充実を図っていく取り組みが求められています。

④情報発信

最後に、ボランティア活動の状況を地域や学校に発信する役割も期待されます。活動の状況を地域に発信することは、学校で何が行われているのかを周知することができます。

また、そうすることで学校の教育活動に関心を持つ住民が増え、自分もやってみたいというボランティアの増加にも繋がっていくことが期待されます。

これらの役割は、あくまで一例ですが、地域コーディネーターがこのような役割を果たしてくれれば、地域学校協働活動は一層充実することと思います。

(2) 地域コーディネーターの属性

それでは、地域コーディネーターにはどのような人たちが携わられているのでしょうか。

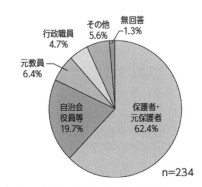

図1　地域コーディネーターの属性
（栃木県総合教育センター調査H 29）

図1は栃木県における地域コーディネーターの状況を示したものです。これを見ると、「保護者・元保護者」が62.4％と最も多く、その学校の状況や、子供の状況を知っている方々が担われていることが分かります。次いで、「自治会役員等」の地域の指導者や、学校文化をよく

知っている「元教員」が多くなっています。

数は少ないのですが、公民館の非常勤職員である社会教育指導員等の「行政職員」も地域コーディネーターを担われているところもあり、公民館を拠点とした地域学校協働活動が推進されています。

② 地域コーディネーターの設置を支援する視点

(1) 地域コーディネーターの設置の状況

このように、地域と学校連携活動の推進に重要な役割を果たす地域コーディネーターですが、学校における設置状況はどのようになっているのでしょうか。

図2は栃木県内の公立学校における地域コーディネーターの設置状況です。これを見ると、小学校・中学校では5割強、高等学校では約15％、特別支援学校では2割強の設置率となっています。（調査は平成28年のものであり現在はこれより高くなっていると見込まれます。）

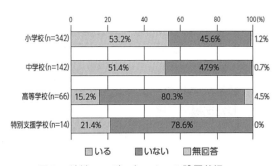

図2　地域コーディネーターの設置状況
（栃木県総合教育センター調査H 28）

これらの調査結果を見て分かるように、小・中学校では学校と地域の連携活動が盛んに実施されているにもかかわらず、半数の学校にしか設置されていないことが分かります。

設置しない理由について聞き取りを行ったところ、次のような事項が挙げられています。

○学校が地域コーディネーターを必要としていないため
○学校が地域コーディネーターを見つけられないため
○社会教育行政が学校とのつながりをもっていないため
○社会教育行政が地域コーディネーターの設置に関心がないため　等

これらのように、地域コーディネーターの設置における課題が、学校と社会教育行政双方に存在しています。

これらの課題についてさらに調べてみると、「学校が地域コーディネーターを必要としていない」という状況には、「わざわざ設置しなくてもうまく連携活動が行われている」という理由と、「そもそも地域コーディネーターを設置する意義が理解されていない」という2つの意味合いがあることが分かりました。

また、「学校が地域コーディネーターを見つけられない」という状況についても、「必要を感じて探しているが見つからない」という理由と、「見つけ方が分からないので探していない」という背景が考えられます。

学校に地域コーディネーターの設置を支援する際には、その背景をきちんと捉えて、支援方法を考えていく必要があります。

（2）校種によるコーディネーターの傾向に応じた支援

地域コーディネーターの設置にあたっては、前章で述べさせていただいた、子供の発達の段階に応じた、連携内容と連携先を考慮しながら、適切な人材を学校に紹介していく等の視点が大変重要になります。

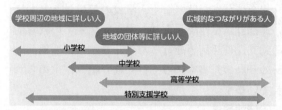

図３　学校種に応じたコーディネーターの傾向
（「学校と地域を結ぶ」栃木県教育委員会より）

図３は、学校種に応じた地域コーディネーターの傾向を図示したものです。小学校では、学校周辺の地域住民の方々との関わりが多いことから、保護者・元保護者、自治会関係者、近隣の住民等の「学校周辺の地域に詳しい人」が地域コーディネーターに適していると言えます。

また、中学校段階になると生徒がボランティア活動等を地域で実践したり、調べ学習を行ったりすることから、行動範囲も広くなることから、商店会の関係者、公民館関係者、地域団体の関係者など、「地域の団体等に詳しい方」が、地域コーディネーターとしてふさわしくなります。

高等学校段階では、キャリア教育や地域課題解決学習等、さらに活動範囲も広がっていくとともに活動内容も専門的になっていくことから、行政職員、商工会議所関係者、高等教育機関関係者等、「広域的なつながりがある人」が地域コーディネーターにふさわしくなっていきます。

このように社会教育行政として地域コーディネーターの設置を促していく時には、その学校にふさわしい地域コーディネーター像を描いて、支援を始めていく必要があるでしょう。

③ 地域コーディネーターの設置を支援する具体的な方策

学校に地域コーディネーターを設置するかどうかは、校長の学校づくりにおけるマネジメン

トの中で決定するものなので、設置を押しつけるような支援は望ましくありませんが、設置を促す仕掛けは行いたいものです。

そこで、設置されていない理由の中から2つを取り上げ、設置のために社会教育行政がアプローチする方策を例示してみます。

(1) うまくいっているから必要ないという学校には

地域とのつながりを密に教育活動を進めていて、教頭先生が一声かければ地域のボランティアが集まる学校においては、わざわざ地域コーディネーターを設置する必要はないと感じられるかもしれません。

ただし、その良好な状況は地域のキーマンが存在していたり、学校の教頭先生等の人脈の中で成り立っているのかもしれないということです。

そこで、社会教育行政としては、「うまくいっている状況だからこそ、地域コーディネーターを設置して、持続可能な仕組みづくり」を促していくことが設置に向けた支援の視点となります。

> ○地域コーディネーターの役割や設置する意義の説明
> ○他の学校の地域コーディネーターの活躍事例の紹介
> ○地域コーディネーター候補の人材情報の提供や活動支援の提案　等

右のような設置に向けた具体的な紹介や提案等を行っていくことが、社会教育行政からの仕掛けとなるでしょう。

(2) 設置のノウハウが分からないという学校には

地域コーディネーターを設置したいと思っていても、どのように進めていけば分からないという学校もあります。そのような学校には、「設置のためのノウハウと人材情報をパッケージに

して支援」していくことが効果的です。

> ○打ち合わせ場所等や掲示板等の設備面の整備方法
> ○コーディネーターを見つけるためにどこに声をかければ良いかといった発掘のためのノウハウ
> ○地域コーディネーター養成講座修了者等の人材情報の提供
> ○地域コーディネーターマニュアル等の運営に関する情報提供　　等

これらのような事項を、社会教育行政として支援できることを、学校に訪問時や校長会・教頭会等の場面で説明していくことで、支援のきっかけとなっていきます。

コラム3

コーディネーターは誰でもなれる？

これまで、各地のコーディネーターの皆さんとの話を通じて感じた、私なりのコーディネーター像は次のとおりです。
・元気がいい（コミュニケーションが卓越）
・面倒見がいい
・地域活動を長く続けられている
・住民から信用がある
・結構おせっかい
・地域に対する使命感（地域を良くしよう！）
このような性格の持ち主で、学校の文化（しきたり、仕組み等）を知っていれば、立派なコーディネーターになれると思われます。

ただし、中にはその役をいきなり仰せつかって、それから努力を重ねて立派なコーディネーターになっている方もいらっしゃいます。役割を任されると、それが動機付けになったりするものです。

つまり、コーディネーターは特殊な知識や技能、経験が必須というわけでは無いのです。最小限、地域に対する使命感さえあれば、誰でも担うことができる役割だと私は考えています。社会教育行政職員として、地域学校協働活動の裾野を広げられるようにするには、コーディネーターの敷居を下げて、複数のコーディネーターで役割分担するなどの工夫が必要ではないでしょうか。

I-14 地域学校協働活動を進めるために③ ～学校の連携・協働体制を診断する～

学校が地域との連携・協働体制をどこまで構築しているかを把握することは、社会教育行政からの支援方法を考える上で重要なことです。ここでは、その把握の方法について考えてみましょう。

1 学校との関係づくりの視点

(1) 働き方改革との関係性

社会教育行政として地域の教育資源の情報等を集約をし、地域コーディネーターの養成等を行えば、後は学校側が食いついてくれるのを待てばいいのでしょうか。

状況はそう簡単ではありません。いくら学習指導要領に地域との連携の大切さが謳われても、そう簡単に学校側が動いてくれるとは限らないものです。

現在学校では、教員の働き方改革が進められており、勤務時間の厳守や業務の精選等が行われています。

学校と地域の連携・協働活動は、最終的には教員の負担軽減に繋がっていくものであり、働き方改革の趣旨に適ったものであると言えます。

しかしながら、連携・協働体制が整っていない学校では、地域との連携活動の推進が、「新たな業務」と捉えられて敬遠されてしまう可能性もあるのです。

つまり、学校と地域との連携・協働活動の推進が、学校そして教員の負担軽減に繋がっていくことを、社会教育行政側から積極的に投げかけていく必要があるでしょう。

図1は、栃木県における調査結果ですが、学校と地域の連携活動の充実によって、学校全体にどのような効果があったかを調べたものです。「地域の住民や団体からの協力が得られやすくなった」「学校行事に協力的な保護者の数が増えた」といった回答が多くなっており、教職員の負担軽減に繋がっていると言えます。

このようなエビデンスは、多くの自治体で調査されていますので、このようなデータを示しながら、校長会や教頭会、教務主任会議等の機会や、学校への個別訪問時に連携・協働の重要性とともに、働き方改革の視点での有効性も説明すると効果が期待できます。

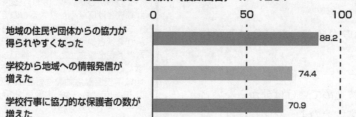

学校全体に関する効果（複数回答）　n=1201

項目	値
地域の住民や団体からの協力が得られやすくなった	88.2
学校から地域への情報発信が増えた	74.4
学校行事に協力的な保護者の数が増えた	70.9

図1　連携活動充実による学校全体に関する効果（栃木県総合教育センター調査 H 29）

（2）社会に開かれた教育課程との関連性

　新学習指導要領では、「社会に開かれた教育課程」が示され、その実現のためには地域との連携・協働が学校にとって必要不可欠になっています。

　社会に開かれた教育課程の実現のためには、「地域社会との目標の共有」「地域の教育資源の活用」等が必須であり、そのためには地域住民との関わりや、そのためのノウハウを、学校は求めていると言えるでしょう。

　ただし、学校が求めているのは「学校に意見を一言もの申す人」ではなく「学校と一緒に汗をかいてくれる人」であるということです。社会教育行政は公民館活動や団体活動の支援を通して、それに適した人材を把握しています。そのような人材を学校に繋げていくことが、地域学校協働活動の第一歩となることが期待できます。

　人がつながれば、地域の教育資源が次々と学校に入っていきます。そうすることで「社会に開かれた教育課程」が真に実現していくことを、社会教育行政の立場から説明していくことが重要となります。

❷　学校の連携・協働体制を診断する

（1）支援の糸口を見つけるには

　地域学校協働活動の実現を目指して、学校を支援する糸口を見つけるためには、闇雲に学校にアプローチすればいいというものではありません。地域との連携のための学校の状況を分析して、「学校に何が足りないのか」「学校は何を求めているのか」等を探っていくことが大切です。

　社会教育行政として、学校が求める支援を提案できた時に、連携・協働のきっかけづくりができたと言えるでしょう。そのためには、学校側の関係職員と話し合いながら情報収集を行い、支援のための処方箋を考えていく必要があります。

　その処方箋を考えていくためには、学校が地域との連携・協働体制がどのようであるかを把握し、分析する必要があります。それでは、連携・協働の段階とはどのようなものなのでしょうか。

（2）連携・協働の段階

　栃木県では、学校と地域の連携の段階（状況）を次のように整理して、その把握に努めています。

> 1 ボランティアが活動している
> 2 体制づくりができている
> 3 計画的に活動が実施されている
> 4 地域コーディネーターがいる
> 5 効果的な活動が行われている
> 6 地域づくりにつながっている

　連携・協働体制づくりの基本、第一歩としては、学校で1ボランティアが活動しているかどうかです。学校支援ボランティアが全く活動していない学校では、体制づくり以前の状況であると言えるでしょう。栃木県では小学校94.2％、中学校75.0％、高等学校21.4％、特別支援学校78.6％の学校でボランティアが活動しています（H27年調査）。

　前節で述べたような、学校と地域の状況の変化を考え併せると、特に、小・中学校においては、ボランティアが活動していない状況だとしたら、管理職の学校運営におけるマネジメントに問題があるといっても過言ではないでしょう。

　次に、連携・協働活動の2体制づくりができているかどうかです。連携・協働活動が、効果

的・効率的に行われるためには、ボランティアの活動環境が整っていたり、連絡会議が実施されていたりといった体制づくりが必要であるとともに、教職員の連携活動への理解なども重要になってきます。

　また、連携活動は目的を持って3計画的に実施されている状況でなければ意味がありません。そうでなければ、ボランティア活動が単なるお手伝いになってしまいます。ボランティア活動が教育計画にきちんと位置づけられ、子供たちの教育活動の充実を図るものになっている必要があるのです。

　学校で作成する各種計画の中に、「地域連携全体計画」等を作成するなど、全校的に地域連携・協働活動をマネジメントしていく必要があるでしょう。

　そして、体制づくりの大きな柱としては、4地域コーディネーターがいるかどうかです。前章で地域コーディネーターについて述べさせていただきましたが、地域コーディネーターの有無は、体制づくりに大きな差となって表れてきます。

　体制づくりの最終段階として、連携・協働の取組が5効果的な活動として行われているかどうかです。すなわち、それぞれの活動が「社会に開かれた教育課程の実現に資するものか」、「主体的・対話的で深い学び（アクティブ・ラーニング）として行われているか」、「地域住民と児童・生徒が交流し合う体験的なものになっているか」等々といった、効果的な活動になっていることが重要となります。

　地域との連携活動はあくまでも手段であり、本当の目的は子供たちの「生きる力」の育成にあります。地域の人材の教育力を活かして、子供たちの知識や技術の習得を促進するとともに、地域の方々との多様な人格に触れながら、精神的な成長を目指していくことが重要であることを忘れないようにしたいものです。

　最終段階として、学校支援ボランティア活動をきっかけとして、6地域づくりにつながっているかということです。この視点を持たないで、

地域学校協働活動を支援しているとしたら、社会教育行政職員として施策の目標を見失っていると言えるでしょう。

　社会教育行政の大きな目的は、地域コミュニティを活性化させる人づくりにあります。子供たちのためなら一肌脱ごうという気持ちで学校支援に関わるボランティアの人たちを、今度は地域のために活躍してもらうように仕掛けていくのが、社会教育行政の大切な役割なのです。

　子供たちの前で行ったことを今度は地域で、そうして顔見知りになった人たちと地域課題の解決へ、といった展開への支援が重要になります。

　これらのように、いくつかの視点で学校の連携状況の段階を示してみました。それぞれの段階に応じて、適切な支援の提案をしていくことが重要です。例えば、学校支援ボランティアの活動が定着していない段階で、連携活動の計画的な実施を求めることは難しい状況でしょう。まして、地域づくりへの展開などは別次元の話となってしまいます。したがって、今支援を行おうとしている学校の連携・協働体制がどこまで進んでいるかを把握することが、支援を行う前段階として重要なこととなります。

　それではどのように連携・協働の体制づくりの状況を把握すればいいのでしょうか。

③　連携・協働体制をチェックしてみる

　図2は栃木県教育委員会で発行している手引き書から引用した、連携状況を把握するためのチェックシートです。全部で11の設問で構成されています。それぞれの内容は前章でまとめた連携の段階について、その内容を具体的に落とし込んだものです。

　これらの1〜11の項目をチェックしながら、その学校の連携体制を確認していくことで、必要な支援と社会教育行政として行うことができる支援が見えてきます。

　これらのそれぞれの項目に対する支援の方法

チェック項目	○	△	×
①学校全体の連携活動をまとめた計画が作成されている			
②教職員が地域連携の意義を共通理解している			
③教員の連携活動のニーズを地域連携教員が把握している			
④コーディネーターが設置されている			
⑤コーディネーターとの話合いや情報共有がなされている			
⑥ボランティア室の設置や教職員への周知など、ボランティアの活動環境が整っている			
⑦連携活動が単なる体験でなく、効果的な学習方法で展開されている			
⑧子どもたちの教育活動やボランティアの活動状況などが地域に発信されている			
⑨連携活動の継続のために、活動の情報の蓄積やチーム体制づくり等が行われている			
⑩個々の連携活動を評価し、その成果を確認している			
⑪学校支援を通して地域住民同士のつながりが生まれている			

図2　連携体制のチェックシート
（「学校と地域を結ぶ」栃木県教育委員会より）

のヒントについては、栃木県教育委員会作成の手引き書（地域連携教員のための手引き書「学校と地域を結ぶ」H29.3栃木県教育委員会）で例示されていますので、必要に応じてウェブページにて確認してみてください。

　ただし、社会教育行政職員の皆さんが、学校と協働関係を作っていくためには、管理職やキーマンとなる教員との関係性を作りながら、徐々に活動に繋げていくようなスタンスも必要なことを忘れないでください。

アドバイス7

すべては子供たちのために

　地域学校協働活動は、子供たちの教育活動の充実と地域コミュニティの活性化を目指して実施するものですが、活動が広がるにつれて様々な取組が行われるようになります。「あれもこれも」、「どうせやるなら」、「他の学校でもやっているから」・・・思わぬ展開があるかもしれません。

　そのような時は、その連携活動は子供たちにとってどれだけ意義のある事なのかを確認する必要があります。つまり、子供たちのためにならない協働活動ならばやらない方がいいということです。内容だけではありません、どんどん回数が増えていって教育課程の学習を圧迫するようなことがあれば元も子もありません。

　連携活動を企画するときには、子供たちにどのような力や知識をつけてもらいたいかを明確にして、その目標に沿った連携活動を行っていくことが大切です。地域コミュニティの活性化ありきの活動では、無理な協働活動になってしまうとともに、教職員の理解を得ることも難しいでしょう。

　子供たちに効果的な連携活動となるよう教職員を支援し、地域を場とした協働活動や地域住民の地域活動の充実を効果的に進めていくのが、社会教育行政職員としての腕の見せ所です。

地域学校協働活動の推進について、3章にわたって述べてきましたが、社会教育行政として最終的に目指す「地域活動の活性化」に繋げる視点について最後に考えてみましょう。

1 学校を核とした地域づくり

(1) 学校支援の方向性は作りやすい

　学校の教育活動に、地域の方々の協力を得ることは、今ではほとんどの学校で取り組まれており、社会教育行政としても支援を行っている状況だと思います。

　この地域住民による学校支援の取組の充実は、「子どものためなら労を惜しまない」という、日本人の根底を流れる心情によるものが大きいと私はこれまでの経験の中で感じています。

　一方で、地域のゴミ問題が深刻だ！、外国人と上手く共存するためには！、子育て中の親を支援するためには！等々、地域課題の解決を公民館が呼びかけても、集まる地域住民は少ない状況だと思います。

　そして、これまでの社会教育行政職員は「子供のために一肌脱いでくれませんか！」と、地域住民の心をくすぐりながら、活動の輪を広げてきたのです。活動に参加した地域住民は、家庭や職場で得られるものとは異なった自己有用感を得て、生きる励みに繋げてきました。

　つまり、子供たちを媒介することで、大人を家庭から学校に導きやすくなり、結果として地域の社会教育活動の充実に繋げてきたと言えるでしょう。

　以上のような状況から、地域住民を「地域から学校へ」という方向に向かってもらう取り組みは比較的実現しやすいと言えるでしょう。

(2) 地域づくりを目指すには

　平成27年に中央教育審議会から出された、「新しい時代の教育や地方創生の実現に向けた学校と地域の連携・協働の在り方と今後の推進方策について」（答申）においては、これからの学校と地域の目指すべき連携・協働の姿の一つに「学校を核とした地域づくり」が示されています。

　そして「学校を核とした地域づくり」の地域側の意図としては、地域住民のつながりを深め、自立した地域社会の基盤の構築・活性化を図ることと示されています。

　さらに、住民一人一人の活躍の場の創出が、まちに活力を生み出すことにつながること、地域と学校が協働し、安心して子供たちを育てられる環境を整備することが、その地域自身の魅力となり、地域に若い世代を呼び込み、地方創生の実現につながることが示されています。

　さらに答申では、学校と地域の双方向の関係づくりが強調され、子供たちが地域で学ぶ機会や地域課題の解決に学校や子供たちが関わる機会の重要性など、学校側が地域に出向いていく活動が例示されています。

　また、地域課題に関わる社会教育活動が行われている公民館等の社会教育施設が、学校とつながることで双方向の活動となるなど、地域側

が学校とつながりを持つ必要性も示されています。

ただし、これらを意図とした活動づくりや、活動のための体制づくりは、学校の教育活動だけでは、自然発生的に生み出されることは難しいことから、地域側が意図的に目指していくべきものであり、社会教育行政がその環境整備を行う必要があると言えます。

つまり、「学校が地域に出やすい環境を作ること」と「地域が学校とつながりやすい環境を作ること」が社会教育行政に求められていると言えるでしょう。

(3) 地域づくりの方向性は難しい

地域学校協働活動を進める上で、一番難しいのは地域側の組織づくり、つまりこれまでの答申で示されている「地域学校協働本部」といった仕組みづくりだと思います。

前述のように、地域住民は「子供のためなら一肌脱ぐ」といった方々が多い状況ですが、「それでは地域のために活動しましょう」とお願いした場合にはそう簡単にはいかないことは容易に予想できることでしょう。

確かに、地域の子供たちをみんなで育てるために目標を共有して、熟議を重ね、地域の登場人物が多く出現すれば、地域コミュニティが活性化されたと言えるかもしれません。

しかし、社会教育活動、さらには社会教育行政の「本丸」は、地域住民が自ら地域の課題を見つけ、自ら協力しながら解決していくこと、そして、その環境醸成ではないのでしょうか。

つまり、どんなに地域学校協働の仕組みづくりができても、地域課題解決等の地域住民自らの活動に繋げていかなければ、道半ばと言えるでしょう。

地域学校協働から、地域づくりにスイッチしてもらうための取組を、社会教育行政として積極的に支援していくべきだと思います。

それでは、その支援の糸口を考えていきましょう。

2　地域づくりの視点から考えてみる

(1) 地域づくりの２つの視点

地域づくりに関しては、教育行政だけでなくコミュニティ政策等のセクションでも取り組んでおり、様々な研究や実践も行われています。

しかしながら、いろいろな事例を単純明快に分類するとしたら、「地域の強みを生かす」と「地域の課題を解決する」の２つの視点に整理できると考えています。

地域学校協働活動から、地域づくりへと展開している事例を見ても、ほぼこの２つの視点のどちらかの取組になっていると言えるでしょう。

つまり、それぞれの地域学校協働活動の状況を踏まえて、「地域の強みを生かす」ことに発展するのか、「地域の課題解決」に繋がっていくのか等を考えながら、地域での活動に誘導していくことが、社会教育行政職員の腕の見せ所になるのではないでしょうか。

(2) 地域の強みを生かす

まず、地域の強みを生かすという視点について考えてみましょう。様々な実践事例を見てみると、次のような場面（要素）が挙げられます。

○伝統文化、芸能、祭りの継承
○地域の特産物の利用、創出
○地域の風土、特性の利用
○特徴的な教育資源
　（ヒト、モノ、コト、情報）　　　　等

伝統文化はそれ自体、地域住民の生活と密接に関係していることから、比較的容易に地域住民の興味・関心を得ることが期待できます。さらに、祭りやお囃子等の伝承活動等は、地域組織との協力なしでは行えません。

例えば、総合的な学習の時間での調べ学習で、後継者不足で途切れてしまった地域のお囃子の存在を児童が発見し、それを聞かせるために地域の長老たちが演奏してみたところ、地域の若手の大人がお囃子を受け継ぎ、地域活動につながったという例もあります。

また、地域ならではの農産物を利用して、学校と地域住民が共同で新商品の開発を行い、できた製品を地域で販売するといった取組もよく目にします。

新商品の販売にあたっては商品の製作だけでなく、パッケージのデザイン、広告の方法、販売ルートなど、いろいろな場面で地域の大人が活躍する場面があり、地域づくりのきっかけになることが期待されます。

地域には、誇るべき歴史的建造物があったり、環境が整った社会教育施設等があったりといった、その地域ならではの活動拠点が存在するところも多いと思います。そのような拠点を地域の強みと捉えて、地域住民が集う場として仕掛けていくのも一つの方法です。

公民館が、館＋専門職員の存在で機能するのと同じように、誇るべき場所に地域住民が集わなければ、その価値が十分に発揮されないと言えるでしょう。

社会教育行政職員として、学校に集った地域住民を地域の場につなげるための拠点づくりを日頃から考えていきたいところです。

(3) 地域の課題を解決する

地域づくりの2つ目の視点として「地域の課題を解決する」ことが挙げられます。地域課題について取り上げた6章では、「地域課題は住民の関心事の最大公約数」という例えをしましたが、解決のための活動に参加するかどうかは別として、地域課題は住民が多かれ少なかれ関心を持っているものであるといえます。

社会教育行政職員として、日頃から地域課題の状況の把握に努め、課題解決のための仕掛けをしていく必要があります。

特に、次のような事項を取り上げた地域づくりの活動が目につくところです。

○人口減少、過疎化への対応
○地域防災・自主防災
○若者の社会参加支援
○家庭教育支援・子育て支援
○高齢化、高齢社会　　　　　　　　等

深刻な過疎化の課題を抱えている自治体では、学校の廃校や耕作放棄地の発生など、地域コミュニティの在り方に変化が生じています。

過疎化は何もしなければ進行するばかりの状況が多いと思いますが、地域の力で改善を図っている状況も目につきます。有名な島根県隠岐の島島前高校の例では、島留学制度により生徒を学校と地域全体で育てる体制を作り人口の増加を実現しています。

また、家庭教育支援については、各自治体で指導者を養成したり、学習プログラムを作成したりしていますので、地域活動につながるパーツがそろっていると言えるでしょう。学校のPTA活動においても、家庭教育支援と密接に関係していることから、学校での活動を地域に展開する可能性も備えています。

いずれにしても、学校支援に集まった地域住民を、地域活動につなげていくためには、学校支援活動との連続性も考慮しながら地域課題の設定を行っていくと効果的です。

③　地域づくりに繋げるノウハウ

それでは、そのような視点から学校支援活動をきっかけに、地域づくりに展開していくためのいくつかのノウハウを例示してみることにします。

（1）社会教育施設の活動と連携する

まずは、公民館を中心とした社会教育施設で活動する地域活動実践者とのつながりを模索してみることです。各公民館には学習をきっかけとして結成された「自主サークル」が存在しています。その自主サークルが、公民館職員の仕掛けによって地域課題解決の取り組みを行ったりしています。

学校支援のキーマンと自主サークルにキーマンのつながりをつくるだけで、新たな展開に発展することがよく見受けられます。社会教育行政職員がコーディネーターの役割を果たしていくと大きな発展につながっていきます。

（2）まちづくりの活動等と多面的にコラボする

地域の社会教育施設でなかなかキーマンが見つからない、活動に発展しないという状況であれば、思い切ってまちづくりの実践者との連携を考えましょう。現在の社会教育行政を取り巻く状況を考えると、教育的なアプローチだけでなく、コミュニティ政策の視点からの展開も積極的に試みながら、多面的なアプローチを行っていくことが、賢い方法であると考えます。

社会教育行政職員として、まちづくり政策の新たなノウハウを学んだり、そのネットワークをしたたかに活用したりしながら、「人づくり」を推進していくことも大切なノウハウです。

（3）カンフル剤を見つける

活動する人も、内容も、体制も整っているのに、なかなか地域づくりに発展しないという状況も見られます。そのような時には、活動を誘発する人材を仲間に入れることが効果的です。

例えば、教員志望やまちづくりを学んでいる学生を、活動の仲間に加えたり、学校の児童や生徒を地域住民として活動に加えたりすることで、地域住民のモチベーションが高まっていくことが期待されます。

そのような、ゲストが仲間に加われるような機会を作っていくことも、学校を核とした地域づくりの方策であるといえます。

コラム4

まちづくりリーダーの知識欲

社会教育行政において公民館等を核とした地域づくりを目指していますが、コミュニティ政策サイドでも「まちづくり」が展開されています。社会教育行政との棲み分けが指摘される場面もありますが、まちづくりには「学びを通した地域づくり」ではない視点から充実した取組を行っています。

あるときまちづくりリーダーのヒアリングに同行したことがありました。そのリーダーは、住民が集まる施設や自治会長、そして了解を取って地域の住宅一軒一軒を訪問して、聞き取り調査をしていました。冷たく扱われることもありましたが、話をしているうちに住民の方々も安心して、いろいろなことを話してくれるようになり、地域の課題を浮き彫りにする事ができていました。

このようなアプローチは、社会教育行政やその講座ではあまり見られない方法かと思います。行うとしても講座の受講者の研究の中で行ったり、受講者に自主的に行ってもらったりと、学習の一環としてヒアリングの機会を設けていると思います。

ヒアリングの後の実践活動では、まちづくりに関心のある人たちがパワフルに活動していました。この情景を見て、同じまちづくりの土俵では叶わないと感じたことを覚えています。

つまり、学びの部分は教育行政できちんと行い、活動の場面になったらまちづくり政策とコラボする、もしくは、地域課題に関心のある地域住民を育てて、まちづくりの活動に繋げていくというスキームが、今後、ますます求められる状況になっていくと考えられます。

ただし、社会教育行政は教育のプロとしての自覚を持って、興味関心の無い地域住民を、学習によって巻き込んでいく取組を積極的に推進していく必要があります。

第Ⅱ部　施策・事業化のためのノウハウ

Ⅱ-1
自治体の予算構成について押さえよう！

第Ⅱ部では、社会教育行政職員が施策・事業を企画立案し、
運営して評価するまでのノウハウをお話ししていきます。
まず第1章では自治体の予算編成がどのような枠組みなのかを説明していきます。

1 予算要求枠による戦略の違い

(1) 社会教育行政における予算要求

　秋の声を聞くと、行政職員が忙しくなるのは次年度の予算要求です。現行事業のスクラップアンドビルド、予算編成協議、予算要求書の作成等々、頭を悩ませる日々が続きます。

　社会教育行政は、地域の実情に応じて、それぞれの自治体の創意工夫により展開される性格であるため、所属職員である私たちは、地域住民の顔を思い浮かべつつ、創造的な事業の企画・立案をしたり、貪欲に予算要求したりする積極的な姿勢が求められます。

　社会教育行政の先輩からは、「社会教育は雪だるまである」とよく言われたものです。それは、「社会教育（行政）は、雪だるまのように何もしないと溶けてなくなってしまう。しかし、動き続けるとどんどん大きくなる。」という意味です。

　とはいっても、教育行政全般とりわけ社会教育行政においてはソフト事業が多く、その予算の獲得については、困難な状況が続いているのではないでしょうか。そのため、社会教育行政職員は「総合政策」や「財政」部局の職員を納得させるためのノウハウを身につけていく必要があるのです。

(2) 予算の要求枠とは

　まず、予算にはそれぞれの事業の性格に合わせた要求の枠があることを押さえておく必要があります。ただ、「新規事業をやりたい！」と思っても、何をどう攻めていけばいいのか分からなければ失敗してしまいます。

　図1は、自治体の予算要求枠を簡易的に示したものです。自治体によって、また、都道府県と市町村によって若干の違いはありますが、概ねこのように整理することができるでしょう。

①課予算枠

　まず、身近な予算枠として課予算枠があります。大枠は課全体の予算であり、昔の大名に例えるならば藩の石高に当たります。これまでの課の職員が予算要求で獲得してきた予算の総和になります。したがって、課の予算枠は決まっており、ここから新規事業を立ち上げるときは、課の予算の中から事業をスクラップしながら、予算を生み出していく必要があります。

　自治体によっては、課の予算枠内であれば課に任せるという方針で、そのまま新規事業として立ち上げることができるところもあるようですが、予算要求書に基づき、財政課の厳しいチェックを受けるのが一般的です。

　ここで、留意しなければならないのは、新規事業として予算を要求しても、財政課の了解が得られなければ、一部もしくは全ての要求額を

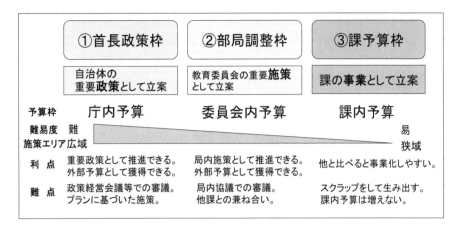

図1　自治体の予算要求枠の例

削減されてしまう可能性が多分にあり、ひいては、大事な課の予算枠を減らしてしまう結果につながりかねない点です。

　このように、課予算枠内の要求はスクラップさえできれば、新規事業の予算を要求することができる反面、失敗したときには課に迷惑をかけてしまうというリスクもあります。そのため、課内の他事業、課の予算状況等を勘案しながらの予算要求が不可欠となります。

②部局調整枠

　次に、教育委員会事務局（以下、教委事務局という）が管理する「部局調整枠」があります。自治体によってはこの調整枠がないところもありますが、一般的には部局で確保している予算枠があり、教委事務局として重点的に推進していきたい施策（事業）にあてられます。この財源は、予算編成時に首長部局からの指示（シーリング）により、現行事業の数パーセントを縮減することで確保されます。

　この要求枠を活用するためには、新規で立ち上げたい施策（事業）が、教委事務局として重点的に推進したい内容かどうかが重要となります。例えば、教育振興基本計画の重点項目に合致している、喫緊に取り組まなければならない状況がある、教育長の指針と合致している等、教委事務局の総意である必要があります。翻って考えれば、教委事務局内での合意さえ得られ

れば、事業のスクラップなどで予算を生み出す必要がなく、思い切った構成で予算要求することができるのです。つまり、教委事務局の予算を借りて予算要求することであり、仮に失敗したとしても課の予算枠への影響はないのです。

　ただし、この部局調整枠で教委事務局総意の事業として予算要求に成功しても、財政課の厳しいチェックを受けることに変わりはありません。そのため、仮に予算要求に失敗した場合には、教委事務局の予算枠を減らすことになることから、「課の信用」低下につながるということを忘れてはいけません。

③首長政策枠

　最後に、首長政策枠とは、文字通り庁内全体で政策枠として確保している予算のことです。この枠での予算要求は、自治体の総合計画（マスタープラン）を意識した内容が求められます。多くの自治体では、計画・評価の一貫として「マネジメント」の中で課題として芽出しをし、その課題解決のための取組として、政策レベルで企画・立案していくことになります。また、予算規模も数十万というレベルではなく、数百万円から一千万円台の要求となるのが一般的です。

　この予算を獲得するためには、遅くても年度明けからの動き出しが必要であり、教委事務局から総合政策課、財政課のチェックを通過し、

最終的には首長・教育長・各部長他で構成する「総合政策会議」の場等で決定されます（正式決定は議会での決定による）。

この予算枠でも、課内で新たな財源を生み出すことなく要求ができますが、しっかりとした施策・事業の枠組みである必要があります。困難ではありますが、この枠での予算獲得は課の存在を全庁的にアピールできることはもちろん、社会教育行政の存在意義向上にもつながります。チャンスがあれば、ぜひとも、この枠からの予算獲得を成功させたいものです。

一方、この②③の予算枠で予算を獲得していかなければ、前述のシーリングにより年々課の予算が減少していくことは自明の理です。せめて、何年かに一度の大きな予算枠での予算獲得は、必要なのではないでしょうか。

この他、地方創生推進交付金や自治体の基金の活用等がありますが、この3つの枠組みのアプローチを知っていれば対応できると思いますので、ここでは触れないこととします。

（3）各要求枠による戦略の違い
①課予算枠での戦略
課の予算枠での新規事業の提案は、予算要求のための準備が進んでいなくても要求できるといった小回りがきく点がメリットとして挙げられます。また、既存事業のスクラップや課内で浮いた予算枠があればそれを利用して要求することもできます。

この予算枠での要求は、特に、次のような点に留意して事業を企画・立案していくと良いでしょう。

> ・課の行政目標に合致していること
> ・スクラップした事業の発展的な内容であること
> ・生涯学習推進計画や社会教育計画が目指す方向性と合致していること
> ・社会教育委員会議ほか、課が所管している審議会等の意向を踏まえていること

前述の通り、課予算枠での要求の失敗は、課全体の予算枠に影響を与えることになりかねません。皆さんの後輩のためにも、予算要求を成功させていきましょう。

②部局調整枠での戦略
この調整枠での要求は、教育委員会事務局全体としての企画・立案の意味合いもあります。要求書を財政課に出すまでに、何度も局内（教育委員会事務局内）で協議をすることになります。そこで、次のような点に留意する必要があります。

> ・教育大綱等に示されている内容等を随所にちりばめていくこと
> ・事業成果を明確に示す指標が設定されていること
> ・日頃から教育長の方針や関心を把握し、その内容に近づけること
> ・教育総務課予算担当と良好な人間関係を築いておくこと

この予算枠での要求は、「課の予算枠ではどうしても生み出すことができないので教委事務局で面倒見てください！」という性格の事業が該当します。そのため、社会教育の視点だけでなく、学校との連携の視点など、広く教育行政を俯瞰（ふかん）した内容を取り入れることで、予算化への可能性が高まるでしょう。

また、この予算枠は教育総務課予算担当のさじ加減が大きく影響することもあることから、日頃から担当者との情報交換・共有と、良好な人間関係を構築しておくことも重要なポイントとなります。

③首長政策枠での戦略

この要求枠での要求は、一朝一夕に行うことはできません。政策的にも自治体の目指す方向性を具現化していくことを明確に示すものでなくてはなりません。この枠での要求は、「財政課」のチェックに先立って、自治体全体の施策を管理する「総合政策課」等のチェックを受けることになります。したがって、政策的にもよく練られていることが必須となります。

一方で、真に地域住民に必要な政策（事業）であれば、総合政策課等が味方になってくれて、よりよい企画・立案に協力してくれることも期待できます。この予算枠での要求における必要な視点は以下のとおりです。

・総合計画の方向性や首長のマニフェストに合致していること
・既存の事業の練り直し等ではなく、斬新な視点での提案であること
・地域住民の興味・関心が高い内容であること
・事業の成果が自治体の取組の成果として、広く周知できること
・「総合政策課」「財政課」の担当者と良好な関係性を築いておくこと

この予算枠での要求は、政策的には認められても、財政的には認められないということもあり得ます。政策的にきちんとしたフレームづくりとともに、現実的で適正な予算組みも必要となります。ただし、失敗しても、どこに迷惑をかけることもないため、思い切った要求をできる予算枠でもあります。

2 国庫事業は何のためにある？

次に、国庫事業について考えてみましょう。自治体の単独予算の確保が難しい場合は、国庫事業の効果的な活用が考えられます。国庫事業の内容は、今後の社会教育行政の在り方に沿った取組を先駆的に実施するものであり、可能性があれば積極的に活用したいものです。

ただし、国庫事業を活用する場合は、社会教育行政職員として留意しなければならない事項があります。

表　学校と地域の連携に関する国庫事業の推移

学校と地域の連携関係の国庫事業
○平成8年　「学社融合推進プロジェクト」
○平成11年「全国子どもプラン（緊急3ヶ年戦略）」
○平成14年「新子どもプラン」
○平成16年「地域教育力再生プラン」
○平成19年「放課後子どもプラン」
○平成20年「学校支援地域本部事業」
○平成21年「学校・家庭・地域の連携協力推進事業」
○平成26年「土曜日の教育活動推進プラン」
○平成27年「地域未来塾」による学習支援

表は、国庫事業の一例として、学校と地域の連携に関するものをまとめてみたものです。

これを見ると、内容の違いはあれ、2、3年ごとに新たな国庫事業が立ち上がっているのが分かります。すなわち、国庫事業は概ね2、3年で終期を迎えると考えるべきでしょう。それでは、国庫予算がなくなった場合は、その取組も終了ということで良いのでしょうか。

そもそも、国庫事業は何のためにあるのか考えてみましょう。まず、国庫事業はきっかけづくりのためのものであり、自治体事業の制度化や地域での仕組みづくりなど、社会教育活動の基盤整備を図るための有効な手段であると認識されているでしょうか。新たな視点からの取組は、自治体の単独予算では予算の確保が難しいものです。国庫事業を活用して、動き出しの取組を行い、その効果・成果を評価しながらエビデンスを蓄積し、それらの成果を基に新規事業

として自治体の単独予算へと移行していくことが国庫事業活用の正しい在り方であるといえます。

つまり、国庫事業で指導者の養成をはじめとする地域での推進体制を整備しつつ、後々は自治体の単独予算で地域住民の自主・自立的な活動につなげていくという展開が重要です。換言すれば、国庫事業は「消費的」な活用ではなく、「投資的」な活用が重要であるということです。

放課後子供教室や学校支援地域本部事業は、例外的に10年以上継続されている事業です。ともすると、近年から社会教育行政に携わられた方の中には、いつまでも続く事業と考えられている方もいらっしゃるかもしれません。

そんな時、もし皆さんの自治体で実施している国庫事業がなくなったら、地域がどうなるか想像してみると良いでしょう。何が教育資源として残っているでしょうか？

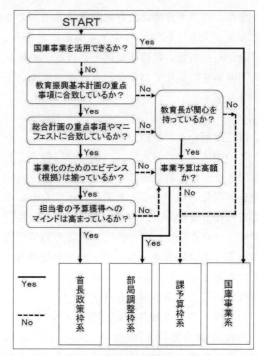

図2　要求枠選択手順（例）

3　失敗しない予算要求のために

最後に、今後の予算要求を行っていく上でのポイントを例示していくことにします。

（1）要求枠の選択

まず、検討しなければならないのは、実施したい事業を、先に示したどの予算枠で要求していくかということです。事業内容、規模、各種計画との整合性、自治体の予算状況、準備の進捗状況等、多様な要素を勘案して選択していく必要があります。

そこで、図2に要求枠の選択の視点について、フローチャートでまとめてみました。選択に迷った際の補助資料として御覧ください。

（2）長期的な視点とシナリオの設定

予算要求には、しっかりとしたシナリオが必要です。特に、部局調整枠や首長政策枠など、全庁的な視点で立案される事業においては、洗練された事業スキームが求められます。場当た

り的、打ち上げ花火的な内容では、とても耐えられないものです。つまり、誰もが納得する事業の実現には、長期的な視点と施策展開のシナリオが不可欠なのです。

例えば、①学習プログラムの作成→②指導者の養成→③モデル事業の実施→④普及・啓発→⑤地域での体制づくり等の施策展開、いわば「起承転結」的な枠組みが求められます。

ここで留意したいのは、社会教育行政の目的は、地域住民の自主的・自律的な学習活動等のための環境づくりであり、取組の最終目標は住民の自主的な活動、つまりゼロ予算であるということです。そのため、企画・立案する事業は、

取組の定着を図るための体制づくり、環境醸成が目的となり、上述のシナリオを実現していくためのロードマップ（行程表）の役割を果たさなければならないのです。

　また、事業の企画・立案に当たっては、関係職員との充分な議論の上、様々な意見を踏まえて創り上げておくことが重要です。なぜなら、総合政策課や財政課との協議の際には、予想もしない視点から質問されることがあるためです。徹底的な議論を通して、あらゆる質問に対して対応できる状況にしておくことが大切です。

（3）常在戦場のマインド

　以上、自治体の予算構成と、それぞれの予算枠での戦略について述べてきました。

　これら一連の予算要求のためには、予算要求書の提出前に慌ただしく行うのではなく、常日頃から地域社会を見つめ、教育諸課題について関係職員と議論し、エビデンスを収集し、準備を行っていく必要があります。それは、机上での立案だけでなく、現場での住民の方々との会話、様々な活動の観察、アンケート調査などの評価結果、各種データ収集など、日常的な業務が予算要求につながっていることを忘れてはなりません。つまり、予算要求は「常在戦場」にあるとの認識を有することが大切です。

　これら日々の取組を通して、施策・事業の青写真ができれば、審議会の提言や計画に結びつけたり、政策協議の場に載せたりすることができます。そうすることで政策・施策・事業化へのチャンスが広がっていくのです。

　社会教育行政の性格として、予算要求は厳しい面もあります。しかしながら、成立したときの達成感・成就感、事業展開における住民の方々の生き生きとした活動・表情を見ると、社会教育行政職員として、この上ないやりがいを感じることは間違いありません。社会教育行政に携わっているうちに、是非とも政策・施策・事業を立ち上げる経験をしてください。その経験は、必ず他の部所や部局に異動しても生かされるこ

とでしょう。

　次章から、実際に予算要求をどのように進めていくか、そのノウハウを示していくことにします。

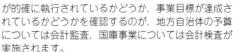

会計監査（検査）の視点も必要

　晴れて事業化に成功して、事業の実施の段階になると、予算の使い道に迷う場面が必ず出てきます。予算が的確に執行されているかどうか、事業目標が達成されているかどうかを確認するのが、地方自治体の予算については会計監査、国庫事業については会計検査が実施されます。

　地方自治体の会計監査は、自治体に設けられた監査委員会の職員が、予算執行伺い等の起案文書や、予算の出納状況の書類を確認します。執行の状況が不明確であったり、不適切な支出であったりする場合には、指摘事項として注意を受けることになります。国庫事業についてはさらに厳しく、会計検査院による検査の結果、不適切な執行があった場合には、国庫に予算を返納しなければならないこともあります。

　もし事業予算の執行で疑問があるときには、教育総務課の予算担当に確認して執行することが賢明です。教育総務課の予算担当も判断しかねる時には、予算担当が財政課等に問い合わせて確認してくれます。

　そのような状況もあることから、事業を企画・立案する場合には、予算の使い道や事業成果の測定の方法等をわかりやすくしておく必要があります。筋のいい事業は、自ずと何をやるかが明確であるとともに、予算の使い道もわかりやすくなっているものです。事業の企画立案の段階で、課内の予算担当にこまめに相談してみるといいでしょう。

施策・事業を立ち上げる視点
～企画立案の原点を考える～

「奨励行政」とも言われる社会教育行政では、施策・事業の企画立案と予算要求が
重要な生命線になります。その企画立案の基本的な考え方から押さえてみましょう。

1 事業立ち上げの背景

まず、新規事業の立ち上げにはいくつかのタイプがあることを確認してみましょう。事業の立ち上げにあたっては次のようなタイプがあると私は整理しています。

○トップダウン型
・首長の公約に基づくもの
・教育長や教育委員会の方針によるもの　等
○進化・継続型
・従来取り組んできた施策や事業の発展したもの
・従来の取組の継続であるが、視点を変えて実施するもの　等
○クリエイト型
・新たな課題等に対応するために新規に実施するもの
・附属機関の提言等に基づき新たに実施するもの　等

まず、新規事業のタイプとして挙げられるのがトップダウン型です。このタイプの新規事業の特徴は、事業実施のエビデンスはあまり積み上げなくてもよいということです。住民の代表である首長等の方針であることは、何よりも大きなエビデンスということです。

また、首長の公約等に基づくものと比べると弱くなりますが、教育長や教育委員会の方針によるものも、それに準じたエビデンスとなります。

このトップダウン型の企画立案は、そのような理由から事業を実施する意義よりも、事業内容の魅力化を考えることに専念できます。その反面、自治体全体で施策・事業の在り方を検討する「政策経営会議」等の審議を経る必要があるため、事業内容の精緻化を図っていく必要があります。

次に、現在実施している施策や事業等の拡充を図ったり、継続したりする「進化・充実型」です。継続であれば「立ち上げ」ではないのではないかと思われるかもしれませんが、自治体の事業は一般的に長くて３年程度のスパンで見直しを迫られます。新規事業３年間の事業として立ち上げ、３年間の実績（評価）を基にその後の取組の在り方を検討します。

社会教育行政の事業の性格として、３年間だけでは地域での仕組みづくりまで繋がらないなど、明確に成果が見られないことが多々あります。

そのため、同様の取組を継続させることが必要となりますが、同様の内容の事業を継続させることは、新規に事業を立ち上げるよりも難しいことがあります。

それは、３年間の予算取りのストーリー（第9章参照）で獲得した事業が、最終的に目標を

達成できなかったとするのは事実上難しいことです。まして、目標を達成できなかったので、そのまま同様の事業継続を要求することは無謀なことです。

そこで、事業の視点や事業フレームを、発展的に変化させながら「新規事業」として要求していくことになります。つまり、取組は同様でも新たな視点からの「ストーリー」を描いて、予算要求を行っていくことになります。

3つ目のタイプとして、新規に事業内容を組み立てていく「クリエイト型」のタイプがあります。前述のように、予算の確保は課にとって最重要課題です。新たな視点からの取組を行いながら、地域の社会教育を一層推進していく必要があります。

このクリエイト型の施策・事業の企画立案は、厳しい面もありますが、社会教育行政職員として、最も力を発揮できるやりがいがあるものといえます。

しかしながら、「何か新規事業を考えろ！」と命じられても、タタキ台もない状況の中で、何をどこから考えて企画すればいいのか分からないといった経験はないでしょうか。

そこで、本章では新たに事業を立ち上げる際の下準備について具体的に述べてみたいと思います。

2　新規事業を考える原点

まず、新たな施策を考える際には、一人より二人、二人より三人で、さらにはワークショップ形式で進めていくと効果的です。

ここでは、ワークショップのアクティビティを示しながら、具体的な進め方を示していくことにします。

（1）「強み」を把握する

施策や事業の立案にあたっては、その自治体が備えている、社会教育行政の「強み」を整理しながら把握することから始まります。

具体的には、自分の課（所、館、室等）が持っている強みとしての教育資源を、思いつくだけたくさん挙げてみて、「ヒト」「モノ」「コト」等で分類しながら整理すると把握しやすくなります。付箋紙を使用しながらブレーンストーミングで抽出してみましょう。

私たち社会教育行政職員は、講座受講者等には、話し合いを深めるためにワークショップの機会を作ったりしていると思いますが、いざ自分たちが施策や事業を練る時には、一人で沈思黙考することが多いと思います。

それぞれの職務が忙しいかもしれませんが、みんなで数時間考えてみると素晴らしいアイデ

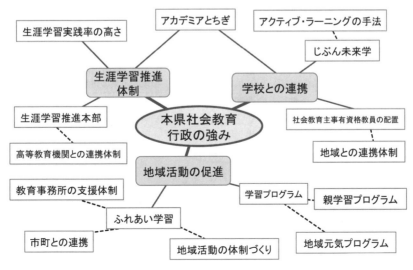

図1　「強み」の分析（栃木県）（例）

アが浮かんでくるものです。

　図1は、栃木県の社会教育行政の強みを例示したものです。ここでは、「ウェブ・マッピング」という方法でまとめています。それぞれの要素を関連性を示しながら線で結んでいくことで、「強み」の関連性を俯瞰することができます。この方法だと、一般的なラベルワークでグルーピングしてしまうよりも、それぞれの要素が関連性とともに浮かび上がってきます。

（2）「課題」を確認する

　次に、「強み」だけでなく社会教育行政を進めていく上での「課題」を併せて確認しておく必要もあります。

　事業費の削減や事業の在り方など、所管する施策・事業を俯瞰しながらまとめていきます（図2）。

　このように、施策や事業を推進していく上での課題を洗い出して、構造的に捉えていくことで、新たに立ち上げる取組内容のヒントを得ることができます。

3　新規事業を考える

　ここで新規事業の内容を考えていくことになりますが、ウェブマッピングでまとめた、「強み」と「課題」をそれぞれ見比べながら、施策のタネを探していきます。

　マップの中で末端に示された、「強み」と「課題」を交互に眺めていくと、取り組んでいくべき施策や事業が浮かんできます。

　つまり、新規事業に必要な要素は次のような視点で探していくことが基本となります。

「強み」を活かして「課題」を解決する

　「強み」を活かしていくだけの取組では、必要性が乏しい事業内容になってしまい、地に足がついた取組にはなりません。

　「課題」を解決することだけを目指した取組だと、解決のための新たな手立てが必要となることから、実現可能性が疑問視されてしまいます。

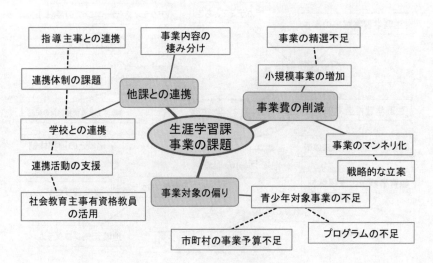

図2　「課題」の分析（栃木県）（例）

　そこで、持っている「強み」を活かしながら、「課題」を解決する取組であれば、事業を実施する必要性が高く、実現可能性が高い取組として、企画立案することができるのです。

　いくつかの例を示して説明しましょう。栃木県では、公立学校全校に地域との連携窓口となる「地域連携教員」を設置する事業を実施しています。「地域連携教員」社会教育主事の有資格教員を原則として充てています。

　この施策を企画立案したときの状況は、「強み」として栃木県では計画的に社会教育主事講習に教員を派遣し、多くの社会教育主事有資格教員が学校に在籍していました。

　一方、「課題」として学校と地域の連携・協働体制の構築の要請、また、養成した社会教育主事有志資格者の活用という課題もありました。

　この「強み」で「課題」を解決する事業スキームが「地域連携教員制度」だったのです。その設置のための経費と、地域連携教員対象の研修会に関する経費等を事業化することができました。

　また、栃木県では小・中学生に最先端の技術等に触れてもらうための学習機会として、「とちぎ子どもの未来創造大学」を開設しています。この事業の立ち上げにおいては、高等教育機関との連携体制が充実していたという「強み」と、県内市町を含めて小・中学生への社会教育における学習機会の不足や全体的な事業予算の不足、さらには新たな視点での学力の向上策の必要性という「課題」がありました。

　そこで、高等教育機関や企業等の協力により、小・中学生に高度な体験をすることができる取組を企画立案しました。事業の実施においては、高等教育機関等の協力により、講師料無しで多くの講座を開設してもらうことを実現しました。

　これも、「強み」を活かして「課題」を解決するというスキームで予算要求したことが功を奏しました。

　皆さんの身近な施策・事業の成功事例を見て下さい。必ず、「強み」を活かして「課題」を解決するというフレームになっていると思います。

　新たな取組自体を考えるのは比較的簡単ですが、施策化・事業化していくとなると、しっかりとした事業フレームが必要となります。この企画立案の視点で考えてみるとしっかりとした取組につながるかもしれません。

　この視点は「まちづくり」や「地域の魅力発信」といった、場面では特に重要になります。例えば地域の魅力発信というと、地域の名産品や名所等のアピールに偏りがちですが、地域課題の解決にも目を向けて取組を考えていく必要があるのです。

　なぜなら、地域課題の解決につながっていかなければ、地域住民を巻き込んだ取組には発展していかないからです。

　例えば、「観光」の強みをアピールしたいのであれば、同時に「地域の活性化」「過疎化」「高齢化」等の地域の課題解決と関連づけた取組を考えていくことです。

　そのような視点であれば、「地域住民ぐるみの観光発信」、「観光をきっかけとした移住促進」、「高齢者による観光案内」など、地域住民を巻き込んだ様々な取組を芽出しすることができます。

　施策・事業の企画立案は厳しく辛い場面もあるかもしれません。一人で悩むことなく、いろいろな人の意見を聞き、楽しみながら行っていくことが成功の秘訣です。地域を思い浮かべながら頑張って下さい。

II-3

施策・事業を立ち上げる視点
～いろいろな物差しで検討する～

前章では、施策や事業を新たに芽出しする方法について説明しました。
ここでは、芽出しした施策や事業をブラッシュアップして、
実現可能性を高めていく方法について提案していきたいと思います。

1 評価の物差しを当ててみる

まず、考えている事業を予算化し、地域で展開するためには、その事業を実施する意義が明確になっているとともに、説得力があるものでなければなりません。

そのような事業の意義をチェックし実施する価値を高めていくためのブラッシュアップを行うには、まず「評価」の視点で確認していくことが有効です。

文部科学省政策評価基本計画（平成30年4月1日文部科学大臣決定）においては、政策評価の観点として次の事項を挙げています。

これらの観点で、「事業（案）」をチェックし、リメイクしていくことで、事業を実施する意義を高めていくことができます。

○必要性
・事業の目的が、地域住民や地域社会のニーズ等に照らして妥当であるか。
・内容は行政が担う必要があるものか。
○効率性
・事業効果と事業費用との関係は適切か。
・事業成果を適切に測定することが可能か。
○有効性
・得ようとする事業効果と、実際の効果との関係は適切か。

○公平性
・事業効果や費用の負担が公平に分配されるか。（男女共同参画の視点にも留意）
○優先性
・他の事業よりも優先すべきものか。
・事業の波及効果や即効性はあるか。
※「文部科学省政策評価基本計画」（平成30年4月1日文部科学大臣決定）を基に作成。（6．相当性については割愛）

このような、評価の観点で新たな事業を練っていくことは、財政担当者が事業を査定する事項を先回りして検討していくことであり、事業フレームを固めていく上で有効です。

当然、予算折衝においても重点的にチェックされる事項でもあり、それぞれの観点から、ターゲットの設定、取組内容、説明に用いるエビデンスの蓄積等を行っていきます。

これらの観点に沿って、事業をチェックするポイントについて考えてみましょう。

（1）必要性

必要性の観点からは、その事業の目的が地域住民や地域社会から必要とされているものかどうかをチェックします。事業を立ち上げることに没頭するあまり、真に地域住民のニーズに応えているものかどうかを見失うことがあります。財政担当者は、「この事業は本当に必要な

のですか？」とまず確認してきますので、それに対する準備が必要です。

　必要性の説明が十分でないことが見込まれるのであれば、ニーズ調査や関係データを収集するなど、客観的な資料を蓄積しておく必要があります。つまりでエビデンスを積み上げていく必要があります。積み上げ方については次章で説明します。

　同時に、行政の事業としての必要性、つまり行政が推進していくことが相応しいかどうかを確認する必要があります。防災の場面等でよく引用される「自助・共助・公助」の言葉を借りれば、自分の力だけで対応する「自助」や、住民同士が助け合って行う「共助」については、行政が積極的に関わるべきではないという観点です。つまり、個人や地域社会では解決することが難しく、行政が援助を行うべき「公助」にあたる性格の取組かどうかをチェックする必要があります。

(2) 効率性

　次に、効率性の観点からの検討も重要です。行政の施策や事業には、投入した予算に対してどれだけの成果が出たかという、「費用対効果」を明確にしていくことが求められます。税金を投入して実施する事業ですから、その効果等の説明責任を果たす必要もあります。

　一方で、社会教育行政の事業は、その成果が測定しづらいと言われており、これまで社会教育行政職員が汗をかいてきたという一面もあります。ただし、これからは様々な評価指標を設定して積極的に評価を行っていく必要があります。評価することが難しいからこそ、事業の直接の結果から、中間のアウトカム、そして最終アウトカムまで、様々な評価指標を設定して多面的に評価していく必要があります。（Ⅱ部9章参照）

　これまで、講座等の終了後に、「良かったか？」「ためになったか？」「楽しかったか？」等を聞くアンケートをよく目にしましたが、参加者の感想を計測するだけでは何の意味もありません。

事業目標に沿って、「どのような知識・技術が得られたか」「課題に対する意識や行動がどう変わったか」等を積極的に計測し、事業の効率性を示していく必要があります。

(3) 有効性

　次に、有効性の観点からは、事業で目指す事業の効果と実際の効果との関係が適切であるかを評価します。つまり、事業で設定する「目標値」に対して、「現状値」がどのくらいであったかというものです。予算化された事業の進行管理は専らこの「有効性」の観点から評価されます。

　予算要求時に、どのくらいの目標値を設定するのか、あまり低く設定してしまうと「必要性」や「効率性」の観点から事業の意義が問われてしまい、あまり高く設定してしまうと、「有効性」の観点から疑問視されてしまいます。したがって、適切な数値目標を設定し、事業の有効性を示していく必要があります。

(4) 公平性

　行政が実施する事業として留意したいのは、実施する事業が広く地域住民に還元されるものかということです。

　とはいっても、社会教育業行政の特徴として、全ての地域住民を対象とすることは難しい現状があります。そこで、社会教育行政の取組としては、「指導者を育てて」、「モデル的に進め」、「そのノウハウを広める」ことで、最終的には多くの地域住民を巻き込んでいくというアプローチになるのが通常です。

　したがって、事業の取組を広く地域住民に展開する（展開できる）という要素が必要となってきます。少なくとも特定の地域住民だけに完結してしまう事業内容は避けた方がいいでしょう。

(5) 優先性

　最後の観点として、考えている事業が、他の事業よりも優先すべき内容となっているかということです。これまでも何度か述べているよう

に、社会教育行政は奨励を旨とする性格である
ため、法令等による強力な基盤がある訳では無
く、短期的には命に関わる要素も少ないことか
ら、全庁的な視点からは事業化への優先度があ
まり高くない傾向にあります。

　そこで、これまでも社会教育行政では、事業
の優先性を上げるために、

> ○首長部局とのネットワーク型行政
> ○学校教育との連携・協働
> ○喫緊の課題への対応

というような視点から事業内容を精緻化し、優
先性を高めてきました。

　首長部局は「学び」や「人づくり」のための
ノウハウや人材、施設がないことから、そのよ
うな学びの資源を活かして首長部局と連携する
ことによって、事業の優先性を高めることがで
きます。

　また、学校教育は「学校教育法」や「学習指
導要領」など、社会教育法と比べて取組の内容
が明確であるとともに、全ての子どもを対象と
していることなどから、施策上の基盤がしっか
りしていると言えます。そこで、事業に学校と
の連携・協働の視点を取り入れることで、事業
化への優先性を高めることが期待されます。

　最後に、東日本大震災の時には、「防災」に
関する事業を展開する自治体が増えるなど、社
会教育行政は、その時その時の喫緊の課題に対
応した事業を展開できることが大きな強みでも
あります。

喫緊の課題を捉えて、「学び」や「人づくり」
で解決する事業の枠組みは、優先性の高い事業
の企画立案につながります。

　以上、評価の観点から新規事業を検討する方
法について述べてみました。新たな事業をこれ
らの観点の物差しを当ててみることで、事業化
のためにどのような取組が必要なのかが見えて
くると思います。

2　トレンドの物差しを当ててみる

　次に、事業の意義や必要性、優先性を高める
ためには、その時代の趨勢に応じた事業の企画・
立案が重要となります。

　つまり、社会教育がどのような方向で動いて
いくのかを捉え、そのために社会教育行政とし
て何を支援していけばいいのかという「風」を
読んでいく必要があります。

　それでは、これまでの社会教育行政のトレン
ドはどのようなものであったのか、簡単に振り
返ってみることにします。

> ○平成２年頃
> ・生涯学習　・リカレント教育
> ・学習相談
> ○平成８年頃
> ・学社連携・融合　・市民大学
> ・生涯学習まちづくり
> ○平成13年頃
> ・ＩＴ講習　・学校週５日制
> ・家庭教育支援
> ○平成23年頃
> ・防災・危機管理・ボランティア
> ○平成28年頃
> ・地方創生　・地域学校協働
> ・コミュニティ・スクール
> ○平成30年頃
> ・働き方改革　・人生百年時代
> ・障害者の生涯学習

これらを見ると、それぞれの時代において社会教育行政が力を入れてきた跡がうかがわれます。私たちの先輩たちは、このような時代の流れの中で、自分たちの自治体が取り組んでいくべき施策や事業を見いだして、地域の状況に応じた展開をしてきました。

企画している事業（案）について、このようなトレンドの物差しを当ててみて、取組の中に取り入れていくことで、事業を行っていく価値が高まっていきます。また、予算要求においても事業の背景を説明する際の大きな柱になります。

また、このような時代の潮流に沿った内容には、国庫事業や基金等が立ち上がる可能性が高いことから、外部資金を調達する機会にもつながります。

それでは、このような時代の流れはどのようにして掴んでいけばいいのでしょうか。私のこれまでの経験の中からいくつか列挙してみます。

○国や自治体の審議会答申
○国の行政説明資料やポンチ絵
○ブロック別主管課会議の聴取事項
○ニュースや新聞　○同僚との会話
○地域住民との会話　○教育関係誌
○機関や団体が実施する専門研修等
○雑誌「社会教育」の特集記事

このように、様々な機会と情報源から、今後の社会教育の方向性を読み取り、社会教育行政

としての支援方策を考えていく必要があります。

本章では、粗々に企画立案した事業のブラッシュアップを、「評価」と「トレンド」の視点から行っていく方法を述べてきました。

事業を予算化するためには、様々な場面で説明することが求められます。その際には、予想もしない視点から質問されることがあります。ここで述べたような視点から事業を煮詰めていくことで、その存在意義を的確に説明するための準備となるでしょう。

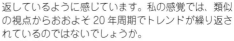

トレンドの周期は 20 年？！

昔流行った服が、長い年月を経て再ブレイクするといったことがよくあります。社会教育に関するトレンドも何年かのスパンで繰り返しているように感じています。私の感覚では、類似の視点からおおよそ 20 年周期でトレンドが繰り返されているのではないでしょうか。
例えば、
・学社連携・融合（H8）→地域学校協働・コミュニティ・スクール（H28）
・生涯学習まちづくり（H8）→地方創生（H28）
・IT 講習（H13）→ society5.0（H29）
・市民大学（H8）→人生百年時代（H30）
・家庭教育支援（H13）→働き方改革（H30）
等々、進化した形で新たなトレンドが訪れている気がします。
施策や事業の企画・立案には先を見越して、先手を打つような内容が求められますが、先を読もうとするときには、過去のトレンドを見てヒントをもらうのがいいかもしれません。

Ⅱ-4

施策化を成功させるために!!
～エビデンスを積み上げる～

施策や事業の立案においては、近年では客観的根拠に基づく政策立案、
いわゆるＥＢＰＭ（Evidence-Based Policy Making）が求められています。
ここではそのエビデンスの種類と積み上げ方について説明します。

1　エビデンスの種類と特徴

エビデンスについては、個人的に次のように分類しながら整理しています。

○**集める（法令、計画等）**
・法令関係　　・国の審議会の答申
・自治体の上位計画・他県の実績等
○**つくる（答申、報告書等）**
・附属機関の答申・議会の調査研究
・検討委員会報告書　　等
○**調べる（アンケート等）**
・意識調査　　・状況調査
・モデル事業の実績調査
・類似した取組の調査　等

これらのエビデンスを収集し、積み上げていくことで、企画立案しようとする施策や事業の実現性を高めていくことができます。

ただし、これらのエビデンスについては、収集方法や説得力等の視点から、それぞれ特徴を有しており、それを踏まえた上で、戦略的に収集していく必要があります。

それぞれのエビデンスを考える際には、「取得に時間がかかるか」と「説得力があるか」の2つの軸で捉えると、その特徴が見えてきます（図1）。

まず、関係法令や国の審議会の答申、自治体の上位計画や社会教育計画等への位置付けによるエビデンスです。これらは、様々な関係法令・答申等から収集してくることから、「集める」という性格のものとなります。このエビデンスについては、予算要求書やポンチ絵の冒頭において、事業の背景がしっかりしていることを示すものとなります。社会教育法をはじめとする関係法令は、奨励を旨とした内容であることから、法令の引用だけで事業が認められることはほとんどありませんが、事業の根底を示す有効な要素となります。

この「集める」エビデンスについては、答申や計画策定のタイミングにもよりますが、他と違って収集のための調査等が無いことから、比較的時間をかけずに収集することができます。

続いて、各自治体の社会教育委員等の附属機関の答申や議会の常任委員会等の調査研究報告、事業を立ち上げるための検討委員会報告書等の作成によるエビデンスがあります。

これらは実質的に、社会教育主事等の専門職員が中心となり、取りまとめ作成する性格のものです。したがって、社会教育主事等の事業への思いを織り込ませながら作成することができることから、「つくる」エビデンスと言えるでしょう。

この「つくる」エビデンスは、時間も手間もかかるため、先を見通して立ち上げたい施策や

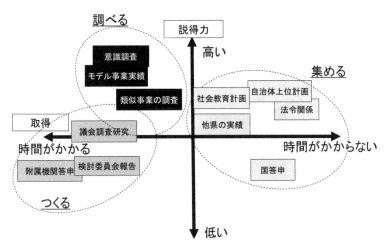

図1　エビデンスの種類と説得力等との関係について

事業をイメージしてそれに沿った審議をしながらまとめていくという戦略性が求められます。

　このような戦略性から、自分たちが描いた施策を展開したい場合には、確実に収集することができるエビデンスとも言えます。逆に社会教育行政職員が意欲がなければ生まれてこないものであるとも言えるでしょう。

　最後に、地域住民への意識調査や、各種状況調査など、アンケート等により施策や事業を実施する意義を説明する資料を収集する「調べる」エビデンスがあります。

　意識調査や状況調査は、事業に関連する事項を直接示すものとなるため、説得力が高くなります。ただし、アンケート調査であれば、質問紙の作成、回答依頼、回収、集計等の作業が必要であるとともに、多くの時間と労力が必要となるものもあります。

　一方、他の自治体で類似の取組を行っているものがあれば、成果に関するデータの提供を依頼するといった方法により、比較的時間をかけずに収集できる場合もあります。

　これらのエビデンスを積み上げて、企画する施策や事業を実施することの必要性や妥当性を示していくことが重要なテクニックとなります。

2　エビデンスを積み上げる

　図2は、エビデンスの積み上げによる施策化について図示したものです。施策や事業が認められるためには、一定程度（施策化ライン）のエビデンスの積み上げが必要となります。したがって、積み上げたエビデンスが施策化ラインに達していなければ、さらにエビデンスを積み上げていく必要があります。

　図2はエビデンスの積み上げについて図示したものですが、左側の積み上げグラフの状況では、エビデンスが施策化ラインに達しておらず、そのまま予算要求をしていけば厳しい状況が予想されます。

　そこで、右側の積み上げグラフのように、さらにエビデンスを積み上げながら、施策化ラインを越えていく必要があります。

　そこで、どのようなエビデンスをさらに積み上げることができるかを考えた場合、法令や関係答申等の「集める」エビデンスについては、新たな答申等が出されない限り積み上げることができないでしょう。

　したがって、社会教育行政職員が汗をかいて加えることができる、「つくる」「調べる」エビデンスを加えることを考える必要があります。

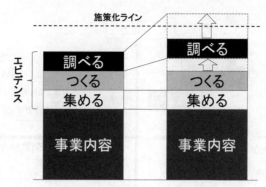

図2　エビデンスの積み上げと施策化

ただし、「つくる」エビデンスについては、附属機関や検討会議等の報告等であり、短時間で大きな底上げは期待できません。

そこで、エビデンスの不足に困った時には、「調べる」エビデンスを増やすことができないかどうかを検討していくことになります。よく予算要求前になって慌てて調査を実施するというような場面を目にしますが、それはエビデンスの不足を補おうとしているのです。

「調べる」エビデンスはいつでも行うことができる分、しっかりと説得力を持ったものにする必要があります。慌てて行う調査では、サンプルサイズも小さく、分析も不十分となることが予想されることから、十分に時間をかけて実施したいものです。

理想的には、社会教育委員会議等の審議会で調査を行い、その調査結果を基に審議し答申を作成するなど、ハイブリッドで実施すると、説得力をさらに増加させることができます。

3　エビデンスの積み上げをチェックする

それでは、このエビデンスはどのくらい積み上げれば、施策化の可能性が高まるのでしょうか。事業を企画する立場になると直面する切実な疑問です。図2の中の「施策化ライン」がそれにあたりますが、施策化の可能性は「エビデンス」と「事業内容」の総和によって決まっていくものです。

エビデンスが十分でなくても、事業内容で勝負できることもありますが、揃えられるだけのエビデンスは集めて予算要求を行った方が確実なものとなります。

そこで、これまでの経験を基に、揃えたエビデンスがどのような状況かを確認するチェック表（表1）を作成してみました。予算要求は様々な要素が影響するため、確実な方法ではありませんが、企画立案している事業のエビデンスの目安として、参考までに使用してみてください。

チェック表には、「調べる」、「つくる」、「集める」の視点ごとに、具体例をいくつか示しています。それぞれの項目について、当てはまる項目の数値を足していってください。当てはまる項目が無ければ、右の列の「無し」でポイントは「0」になります。

一方、当てはまるエビデンスがあれば、「有り」の項目になるのですが、その内容が企画している施策・事業と関連が深く、その価値を認めさせる説得力が高いものであれば「高い」の項目

表1　エビデンスの積み上げチェック表

施策・事業の実現可能性チェックリスト		有り		無し
		関連性・説得力		
		高い	低い	
調べる（アンケート等）	地域住民への意識調査等があるか	10	4	0
	モデル的な取組等の試行データがあるか	10	4	0
	施策化のための各種状況調査があるか	8	3	0
	類似した取組の状況調査があるか	8	2	0
	他県の状況や実績のデータがあるか	7	2	0
つくる（答申、報告等）	社会教育委員等の附属機関の答申で言及はあるか	7	3	0
	検討委員会等を立ち上げ報告書等でまとめられている	6	3	0
	議会の委員会の調査報告等で言及はあるか	8	3	0
	議会質問に取り上げられているか	7	3	0
集める（法令、計画等）	法令での位置づけがあるか	8	2	0
	国の答申等での言及はあるか	6	1	0
	自治体の総合計画での位置づけはあるか	8	2	0
	社会教育計画等での位置づけはあるか	7	2	0
	小計			
	合計			

判断の目安	A：41以上　【実現可能性大】しっかりと事業内容を固めましょう！
	B：31〜40【ボーダーライン】もう一歩。エビデンスを集めましょう！
	C：21〜30【慎重領域】エビデンス不足。慎重に企画立案を！
	D：20以下　【危険領域】仕切り直しも含め企画の見直しも・・。

※あくまで判断の一例です。それぞれ個別の状況に左右されますので、目安として参考にして下さい。

の数値を選んでください。ただし、関連性や説得力はあるものの、十分なものでないものについては「低い」の項目の数値を選んでください。

そして、選んだ項目の数値を合計して、その数値により、A〜Dの判断を参考にしてみてください。おおよその目安として捉えていただきたいのですが、企画している施策や事業のエビデンスの積み上げの度合いをつかむことができるでしょう。

Aのレベルであれば、施策・事業を立ち上げるにあたってのエビデンスがしっかりしていると思われます。エビデンスの見せ方と事業内容の充実を詰めながら確実なものとしてください。

Bのレベルではボーダーラインにある可能性があります。さらなるエビデンスを加えるか、事業内容のさらなる充実を図るとよいでしょう。

Cではエビデンスの不足が考えられます。積み上げることができるエビデンスが無いかどうか確認しながら、場合によってはアンケート等により、「調べる」エビデンスを加えていって

はいかがでしょうか。

Dのレベルでは事業内容のみの予算要求となります。事業内容の充実を図るか、一年かけてエビデンスを蓄えながら、次年度に予算要求を行っていくのも一つの方法かもしれません。

判断はいずれにしても、本チェックリストを活用して、足りない場合にはどのようなエビデンスを積み上げる余地があるのか、考えるきっかけとしていただければと思います。

Ⅱ-5
施策・事業を立ち上げる準備
～「つくる」エビデンスの揃え方～

新規に要求する施策や事業を実施する意義を高めるためには、エビデンスの積み上げが重要です。ここでは、長期的な視点から「つくる」エビデンスの積み上げ方を説明します。

1 審議会等を効果的に活かすために

エビデンスを「つくる」というと、捏造するようなイメージですが、社会教育委員会議や生涯学習審議会でまとめる「答申」や「提言」は、委員の皆さんと一緒にまとめてつくりあげていくものであり、施策化における重要なエビデンスになることから、あえて「つくる」と表現しています。

社会教育委員会議や生涯学習審議会等（以下「審議会等」とする）の附属機関等での審議をいかに進めて、効果的な「答申」等をまとめていくか。また、どのように会議を運営していけば効果的かを例示してみることにします。

（1）会議運営が負担な理由

まず、本論に入る前に審議会等をめぐる状況について触れていくことにします。皆さんの自治体では、審議会等の運営は効果的に行われているでしょうか。

審議会等の運営は、一般的にグループリーダーや課長補佐等の年長者が担当することが多い状況であるとともに、負担感を持たれている場合が多いようです。その主な理由は次の通りです。

> 1 委員の人選と選任手続きが煩雑である
> 2 協議テーマの設定や協議進行が難しい
> 3 答申や報告書等をまとめる必要がある
> 4 報道対応等会議運営が大変である
> 5 自治体幹部も出席するため気を遣う

審議会を一度でも担当したことがある方であれば、上の事項について共感していただけると思います。ただし、先に述べたように審議会等は「つくる」エビデンスを蓄積していく上で、大変重要なものであり、社会教育行政職員としてしっかりと運営していく必要があります。

このような負担感の中では、地域住民の代表である審議会等の委員から十分な意見を引き出すことはできないでしょう。また先に述べたように、委員と事務局に上下の関係が構築されてしまうと、委員の皆さんに「お伺い」を立てるような会議運営になってしまったり、クレームの場となってしまったりという話もよく聞きます。

そこで、効果的なエビデンスを積み上げるための、効果的な審議会等の運営を目指していきたいものです。

（2）エビデンスを深めるための審議会等の運営

まず、会議の効果的な在り方を構築するためには、職員の会議の捉え方を再確認する必要があるかも知れません。審議会等が、施策・事業立案のための大切な会議となるためには、委員と社会教育行政職員が良きパートナーでなけれ

ばなりません。

　そこで、社会教育行政職員が会議を運営するにあたって、委員とのスタンスを次のように捉え直して運営すると雰囲気が変わるのではないでしょうか。

○事業計画等に関する事項は
「承認してもらう」→「確認してもらう」
○協議事項については
「意見をいただく」→「提案してもらう」
○施策や事業の実施においては
「協力してもらう」→「自ら動いてもらう」

　このような捉え方で会議の雰囲気を作り運営することで、意欲のある委員の皆さんは逆に元気が出るのではないでしょうか。

　このような視点から、具体的な会議の運営方法の改善点として、次のような事項も効果的ではないでしょうか。

1　職にとらわれない委員の選任
2　「承認型」ではなく「対話型」の会議運営
3　委員と事務局が自由闊達に話し合える
　　環境づくり
4　担当者の負担を減らした会議運営

　自治体によっては、ロの字の会議形式でなくワークショップ等を取り入れて、会議を進めているところもあるほどです。審議会等の設置の意図を委員に伝えながら、効果的なエビデンスの形成に繋がるよう、委員と行政職員が二人三脚で取り組んでいくことが重要です。

2　エビデンスを意識した審議会等の運営

　それでは、施策・事業の立案に資する「答申」や「提言」等を作成するにはどのような手順が必要なのか、例を示しながら説明していきます。図1は、審議会等の運営のロードマップを戦略的な運営のものと対比して示したものです。

　これらを比較しながら、エビデンスを効果的に積み重ねるための会議運営について考えてみましょう。

（1）何から始まるか

　審議会の運営は何から始められるでしょうか。一般的には、誰を委員に選任するかという手続きから始まります。それも、充て職と呼ばれる団体の代表者を推薦してもらって選任するという、ルーチン的な手続きが多いことでしょう。

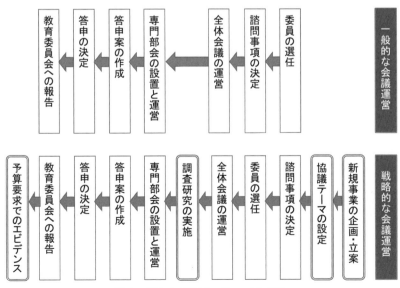

図1　答申までのロードマップ（例）

審議会等がエビデンスを積み上げることが重要な目的であるとした場合、運営の始まりはそこではなく、立ち上げたい新規事業の企画・立案が始点となります。つまり、審議会等では新規事業の重要性が高まるような議論をしてもらう必要があるのです。

この新規事業のアウトラインを決めた上で、協議テーマの設定を行い、教育委員会からの諮問事項として決定していきます。つまり、委員を選任して第1回会議に間に合うように「何をテーマにしようか?」では、あまりにも戦略性がないと言えます。

(2) 委員の選任

条例で設置される委員は、履歴、年齢、何期委員をしているか（選任回数）、他の委員をいくつ務めているか（兼任数）等がチェックされるため、新たな方に委員をお願いするのは簡単ではありません。

しかしながら、テーマについて造詣が深く、きちんと発言していただける方を選任したいものです。

つまり、「協議テーマに沿った委員の選任」が重要です。そのためには、委員の選任時には協議テーマがしっかりと設定されている必要があります。

そして、委員の選任時には「〇〇に関する審議を行いたいので委員への就任をお願いします。」と依頼するのが戦略的な方法であると言

えます。

そう簡単に委員の枠組みは変えられないという自治体もあるかも知れませんが、思い切った選任ができなければ十分な審議ができず、思うような会議成果も挙げられなくなることから、審議会等が廃止になるという事態も現に見られているところです。

(3) 調査研究の実施

社会教育委員には、社会教育法（第十七条）により必要な調査研究を行うことが職務として位置付けられています。

そこで、協議テーマに関する、つまり立ち上げたい新規事業に関する調査研究を審議会等で実施していくことが大変効果的です。

その理由として、①審議会等で行う調査は行政ではなく地域住民の代表である審議会等の委員が実施するものであること②調査結果を受けて審議会等で調査結果の解釈を行うことができること③調査結果を受けて今後の取組の在り方を審議し提言されること、等が挙げられます。

つまり、行政が実施する状況調査にはない、視点や活用があるということです。最終的にまとめられる「答申」や「提言」においても、独自調査によるデータに基づいたものであれば、その説得力が高まり、予算要求におけるエビデンスとしての価値が高まります。

(4) 専門部会の設置と運営

審議会等の委員は15〜20名程度の自治体が多く、詳細に審議を行うには大きな会議となります。広く意見をもらう内容ならば良いのですが、意見を集約する場面では意見がまとまらない状況にもなることがあります。

そこで、全体会の委員の核となるキーマン4〜5人で構成される専門部会を設置して、詳細な議論を行うことが効果的です。文部科学省の中央教育審議会も分科会や専門部会を設置して審議を進めています。

そこで、自治体の審議会等においても、専門部会等を設置して深まりのある議論を行ってい

くことも効果的な方法です。

　具体的には、前述の調査研究においては、調査結果を専門委員会等で詳細に議論し、提言の方向性を決めたりしている自治体もあります。

　さらには、「答申」や「提言」の内容についても「起草部会」として運営し、（案）の作成をしているところもあります。

　この答申（案）を専門部会が作成するというのも大きな意味があります。事務局が議事をまとめて作成する（案）よりも専門部会が作成する（案）の方が自分たちが作成したという意識が高くなります。

　そして、全体会で最終的な「答申」等を審議する場合も、事務局がまとめた（案）よりも、身内である専門部会で作成した（案）の方が承認されやすくなります。

　このように、専門部会の設置と運営は、様々な意味で戦略的な視点での会議運営に繋がります。

（5）「答申」等の活用

　「答申」等が作成され、教育委員会に報告を行ったら、それで終わりではありません。むしろそこからが始まりです。

　様々な苦労を重ねて作成した「答申」等を、活かしていくのも社会教育行政職員の重要な責務となります。つまり、「答申」等を基に、施策や事業を立ち上げていくことがその活用の第一歩です。

　ただし、図1で示したように、会議運営の始点が「新規事業の企画・立案」であれば、施策・事業化への取組もスムーズかと思いますが、想定する事業がなかった場合には、予算要求への動き出しは簡単ではないでしょう。

　予算要求書の冒頭は、「国の動き」「自治体の動き」で始まることが多いと思いますが、そこに審議会等の調査結果や提言を盛り込むことで、事業化の価値を高めることができるでしょう。まさに「つくる」エビデンスとなります。

　「答申」等は、予算獲得のためのエビデンスだけではありません。社会教育行政の役割や在

り方が問われている現在、審議会等での成果は、その地域の社会教育（行政）の存在意義を示すエビデンスにもなります。

　社会教育課や生涯学習課ひいては、教育事務所や社会教育施設等の関連機関の存在意義を示すものにもなるのです。「答申」等の教育長への手交時には報道機関に情報提供をして、記事にしてもらうなど、「答申」等の広報にも努めていく必要もあります。

　審議会等を大いに活用しながら、地域の将来像を描き、施策立案を効果的に進めていきましょう。

アドバイス 9

委員の選任における制限を確認しよう

　社会教育委員や生涯学習審議会委員等の附属機関の委員の選任については、設置条例をうけて様々な要件が規則等で定められています。
・年齢（例：選任時満70歳以下）
・選任回数（例：3回以下）
・兼任数（例：他の機関の委員を5つ以下）
・居住地・勤務地
・全体の女性委員の割合（例：35%以上）　等
　それぞれの自治体によって、さらなる要件が設定されている場合もあります。このような要件の中で、お願いしたい方が委員としてお願いすることができるのか、確認しながら委員構成を考えていく必要があります。

Ⅱ-6
いざ、予算要求へ！その上手な進め方

ここまで自治体の予算要求の枠組みやエビデンスの積み上げ方について説明してきました。
ここからは、予算要求を実際に進めていくためのノウハウについて述べていくことにします。

1 予算協議の進め方は？

（1）予算協議の順番

自治体の予算要求の協議は一般的にその要求枠（Ⅱ部第1章参照）に応じて図1のような順番で進められます。どの予算枠も教育委員会事務局内で教育長協議まで済ませた後、首長政策枠では5の総合政策課協議において、政策的な観点からチェックを受けます。

そして、どの要求枠でも最初の関門となるのが、6の財政課担当者協議です。自治体の金庫番である財政課が、予算は適正か？無駄はないか？費用対効果は？等々、財政的な視点からチェックを行います。社会教育行政職員の皆さんが、冷や汗をかきながら説明することになる

のがこの場面です。

以降の7財政課長協議では、課長対応、8の政策経営会議以降は部長（教育長）対応となることを考えると、社会教育行政職員にとって、6の財政課担当者協議を乗り越えていくことがいかに重要か理解できます。

それぞれの協議の段階で、求められる資料も異なりますが、6の財政課担当者協議に焦点を当てて準備を進めていけば対応できますので、以下は、財政課担当者協議について述べていくこととします。

（2）協議の状況

協議は一般的に、「財政課担当者」「教育総務課予算担当者」「担当課職員」（リーダーと担当

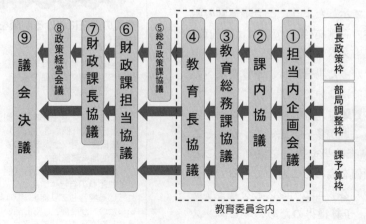

図1　予算要求協議の順番（例）

者）といったメンバーで行われます。

　協議は事業一つ一つについて、財政課担当者の質問に答える形で進められます。協議は一回ではなく、必要に応じて複数回にわたって行われます。回を重ねるごとに、事業の大枠から予算の使い方といった詳細な部分へと協議が進んでいきます。

　ただし、協議の時間は一事業あたり長くて20分前後であり、コアとなる重要部分の説明は5分程度だと認識しておく必要があります。つまり、勝負は5分で決まると思って説明の準備をしていく必要があるでしょう。

(3) 納得してもらえなければエリミネート

　せっかく企画立案し、教育長協議まで済ませた事業案でも、財政課担当者が納得してくれなければ、そこで予算要求は終了となってしまいます。先に述べたように、一般的に事業案で計上した予算額は、認められない場合財政課に引き上げられることになります。これは、財政的・政策的な視点からのエリミネートであり、他のより効果が期待できる事業を予算化するという意味です。企画が不十分であったと認めざるを得ません。

　社会教育行政の諸先輩方は、そのような悔しさと困難さも経験しながら、様々なノウハウを身につけて、後輩へと受け継いできました。ここでは、その一端を紹介することにします。

2　財政課担当者が予算を決められるのか!?

(1) 財政課担当者は実はパートナー

　まず、協議のスタンスについて押さえておく必要があります。先輩方からはよく「予算協議で感情的になってはいけない」と言われてきました。つまり、いつも平常心でいることが必要なのです。経験が浅い職員には、財政課担当者に議論の猛攻を仕掛けるといった場面を目にすることがあります。

　そもそも、財政課担当職員は予算を決定できるのでしょうか？答えはノーです。財政課担当者は、協議を受けて財政課のリーダーに説明して、課長等の判断で事業化の適否の方向性が決まるのです。つまり、財政課担当者は事業の価値を上司に伝えてくれる「パートナー」的な存在であり、本当に論破すべきターゲットは誰なのかを認識する必要があるのです。

　したがって、いくら熱心に説明しても、事業の価値がうまく伝わらず、担当者がリーダーに説明できなければ予算化できないということです。財政課担当者は論破する相手ではなく、方向性を決めることができる人に「事業価値を伝えてくれる仲間」と考える必要があります。

　予算協議が膠着しそうな際には、「どのような資料があれば説明しやすいですか？」というアプローチをすると、財政課担当者は共感的に理解してくれる可能性が高まります。これは先輩方の経験から得られた、魔法の言葉かもしれません。

(2) 財政課担当者の立場に立ってみる

　予算要求を効果的に進めていくためには、財政課担当者の立場に立ってみるのが一番です。財政課担当者としては、この事業案を予算化すべきか廃案にすべきか、判断することが求められており、そのための明確な根拠を求めているのです。事業企画者としては、予算化のための明確な根拠資料を提示したいところです。そのためには、前章で示したようなエビデンス（根拠）を揃えておく必要があります。

したがって、予算書や説明資料にその根拠が
はっきりと分かるデータ等を盛り込むとともに、関連の添付資料を用意するなど、入念な準備を心がけたいものです。

(3) 財政課担当者を味方にするために
　それでは、どのような点に留意して財政課担当者と協議を行っていけばいいのでしょうか。

①端的でわかりやすい説明
　まず、相手に自分の考えを理解してもらうのですから、わかりやすい話し方で進めていく必要があります。留意事項を示してみます。

> ・業界用語や外来語など一般的に使われていない言葉は避ける。
> ・結論を先に述べるなど、相手がわかりやすい文脈で話す。
> ・長々と話さず、短い言葉で端的に説明する。
> ・一方的に話さず、相手の反応を見ながら説明する。

　これらの事項は、予算要求の協議だけでなく、一般的な状況でも必要なことですが、協議の際には特に気をつけたいところです。

②明瞭な説明資料
　次に、説明の際の資料についても十分な準備が必要です。よく練られている資料を用意しておけば説明もしやすくなります。

> ・予算書（次章で解説）に事業の概要が一覧できる内容を盛り込む。
> ・事業内容がつかめる補助資料（ポンチ絵、データ等）を用意する。
> ・用意する図表等は、必要部分を強調する等、主張したい部分が分かるようにする。
> ・計画とのつながりや、他の事業との関係など構造的な施策フレームを示す資料を用意する。

　これらの資料等は、財政課担当者に提示する前には、少なくとも担当リーダーの了承を得て

おく必要があります。また、作成の際にはたくさんの目で見てもらって、作成者では気が付かない部分を指摘してもらいながら練り上げておけば、より効果的な資料となります。

③重層的なエビデンスの提示
　事業の必要性を示すためには、要所要所でデータ等を示しながら、説明していく必要があります。ただし、用意できるエビデンスには、かなり有効と思われるものから、とりあえず言ってもいいかなというものまで、その度合いがあると思われます。

　決定的なデータ等が無いときには、用意したエビデンスを、どのような順番でどのように提示していくかが重要なポイントになります。よくテレビの通信販売の番組を見ると、安い金額が提示され、購入を迷っているときに、「このおまけがつきます」さらに「これもつきます」というフレーズを目にします。まさに、重層的な提示であり、購入意欲を高めるシナリオだと思います。財政課担当者協議の場面でも、同じような提示と駆け引きが求められるのではないでしょうか。

　特に押さえておきたいことは、効果が少ないと思われるエビデンスは協議の最初に提示してしまうと、効果が期待できないことがあるということです。効果が少ないと思われるエビデンスでも、ある程度理解が得られた時点で多重的に提示することで、決定打のエビデンスになることもあります。

> ・エビデンスは一つだけでなく、できるだけたくさん用意しておく。
> ・それぞれのエビデンスの効果を精査し、提示するタイミング等を考えておく。
> ・効果が少ないエビデンスは、協議の後半で提示していく。
> ・エビデンスは説明の仕方で生きることも逆効果になることもあるので注意する。

3 駆け引きに負けないためのノウハウ

以上のような、資料やシナリオを準備して、いよいよ予算協議に臨むわけですが、最終的には担当者との駆け引きも重要なものとなります。

（1）手の内を全て見せない

担当者への説明や提示する資料は、事業の価値を示すものになりますが、風向きが変わると事業を認めない根拠資料となってしまう両刃の剣であるということも認識する必要があります。

したがって、事業内容の説明や資料の提出は、原則的に「求めに応じて」行うスタンスが賢明です。つまり、自分の手の内は相手に全て見せないことです。

財政課担当者が理解を示していると感じても、その上の段階で否定された場合のことも考えて協議していくことが重要ということです。

（2）資料の提出要求には即回答

協議を行った後、財政課担当者から追加資料の要求があることがあります。それは、事業化を前向きに考えてくれている証拠ですので、一分でも早く返す努力が必要です。自分の経験でも、夕方資料要求があり、同僚と徹夜で準備して、朝一番で返したこともあります。

つまり、すぐ資料提出をすることにより、財政課担当者が作業しやすくなるだけでなく、「よく練られている事業だ」、「企画者はこの事業に

深い想い入れがある」といったプラスの印象を与えることができるのです。

（3）間合いを測り情熱を伝える

財政課担当者として、事業化の適否を判断する場合、企画者の事業への熱意や情熱も判断材料となります。

ただし、情熱だけを前面に出しても、きちんとした事業フレームとエビデンスがないと通用しません。したがって、協議中の財政課担当者の理解度を観察しながら、ある程度理解を示した時点で事業への「情熱」を伝えることが効果的でしょう。協議を行っていると、担当者が「どうしようか？」と考える瞬間が必ずあります。そのような時を捉え情熱を伝える、いわば「説得モード」と「誘惑モード」の切り替えができるようになれば、熟練した社会教育行政職員と言えるでしょう。

次章からは、予算協議を効果的に進めるための資料の作り方等について説明していきます。

コラム 6

財政課担当のスタンスは秋の空

私は平成13年に県の社会教育主事となり、予算要求を初めて経験しました。事業内容は「IT講習」で整備した機器を使って、社会教育施設でITに関する学習機会を提供するというものでした。

私も最初なので予算要求の状況や説明方法がわからず、初回の説明ではしゃべりすぎてあえなく撃沈しました。課に帰ってきてだめだったことを上司の主幹に報告すると、「だめじゃなくて、いいから予算を取ってこい！」と叱咤激励されたのを覚えています。

そして、グループリーダーと相談して、説明内容の焦点化や説明の仕方について教えてもらい、次の2回目の説明では、気合いを入れて準備万端で臨みました。しかしながら、まだ説明していないのにあえなく「OK」の回答。当時は訳がわからず、狐につままれたようで状況が理解できませんでした。

その後の噂では、担当者がグループリーダーに説明した際に、グループリーダーが理解を示し、事業化への承認があったということでした。つまり、担当者の気が変わったのではなく、財政課で組織的に判断した結果、方向性が変わったことが原因とわかりました。

担当者の反応が思わしくない時こそ、わかりやすい資料を渡すなどして、理解が促進されることを祈りましょう。

II-7

いざ、予算要求へ！資料の作り方

ここからは、予算要求協議の際に使用する資料作成のコツについて述べていきたいと思います。ただ、予算要求書の内容・形式については、自治体によって違いがありますので留意してください。

1 予算要求書作成の視点

（1）目標・ターゲットの明確化

　予算要求書の作成時は、既に担当内やグループ内で事業の内容や方向性を練った後だと思います。協議でまとめた内容を、いかに的確に伝える資料にするかが鍵となります。

　まず、予算要求書は、何よりも事業内容を明確に示すものである必要があります。そのために必要なのが、事業の目標とターゲット（事業対象）の明確化です。「何を目指して」「誰に何を実施するのか」をしっかりと示していく必要があります。この事項は、予算要求書の事業概要を説明する欄の冒頭にしっかりと示しましょう。

　この事項の説明が明確でない場合は、予算担当者に事業イメージをつかんでもらうのに余計な時間を費やしてしまいます。財政課担当者は多くの事業の査定を行っていることから、時間に追われていることが多いため、よりわかりやすい記述を心がけましょう。

　ここで、事業目標の設定については次のような注意事項が考えられます。

- ・教育行政の目標になっているか
- ・行政の役割を超えていないか
- ・諸計画の目標を踏まえているか
- ・教育委員会内や他部局事業に類似の目標はないか
- ・戦略的な目標となっているか

　事業目標が課の「教育目標」に沿っているかは基本的なところですが、都道府県もしくは市区町村行政の役割を超えていないかをチェックする必要もあります。例えば、都道府県行政で公民館を場として実施する事業は「市区町村の役割」と指摘されたり、市区町村行政でカルチャー的な事業の企画などは、「住民の受益者負担」や「民間教育事業者の役割」などと捉えられたりします。

　また、財政課担当者は、事業の重複を絶えずチェックしています。教育委員会学校教育主管課、首長部局の地域協働主管課等は類似の取組があるかもしれません。企画・立案時のチェックが大切です。

（2）展開スケジュールの提示

　社会教育行政の施策や事業は、地域での「仕組みづくり」を目指す性格であるため、一般的に長期間継続的な事業というより3年や5年というスパンの事業となります。そのため、予算要求書には、年次ごとの展開スケジュールを明確に示していく必要があります。つまり、「何をいつやるのか」ということを、図表等にしながら事業の方向性を示していくことが大切です。

（3）評価の客観性

事業の展開スケジュールの提示とともに必要なのが、評価指標と目標値の設定です。評価指標については、II部第10章で詳細に説明しますが、「何がいつまでにどうなる」ことを目指すかを明確に示していく必要があります。新規事業であればなおさら、この事業評価の客観性が求められます。上位計画と深く関係する事業であれば、計画の評価指標と目標値を設定してもいいでしょう。

財政課担当者も、この評価指標が明確で説得力があれば、事業を実施する意義を上司に伝えやすくなります。

（4）予算の積み上げ留意点

最後のポイントとして、予算は使い道によって「費目」ごとに積み上げられて、最終的に要求額になります。自治体ごとに呼び方は違いますが、社会教育行政で主に要求する費目は、概ね次のような内訳となっています。

```
【報償費】
・委員への諸謝金
【旅費】
・職員旅費→職員の旅費
・委員旅費→職員以外の旅費
【需用費】
・消耗品費→文房具等の購入費
・印刷製本費→印刷物等の製作費
【役務費】
・通信運搬費→郵送等に係る経費
【貸借料】
・会場使用料等
```

このような費目ごとに、庁内全体で取り決めた一つ一つの価格（基準単価）に「いくつ」、「何回」、「どのくらい」かを掛け合わせて、予算を積み上げていきます。積み上げの漏れがないように、緻密で慎重な精査が必要です。

ここで注意したいのは、財政課担当者があまり認めたくない費目というものがあるということです。それは、職員の努力で軽減できたり、何か安価な方法が別にあったりするような内容のものです。

例えば、職員が出張の際に支出する「職員旅費」は、職員が出張回数を減らしたり、旅費のかからない公用車で出張したりすることで、節減できる可能性があります。また、チラシやパンフレット等の印刷物を作成するための「印刷製本費」も、ネット上に公開すれば支出を抑えられるという見方もあります。

このような費目については、必要最小限で積み上げていく方が得策と言えます。まして、課の予算枠で要求する事業であれば、削減されないようにしたいところです。このような費目については、積み上げの根拠をきちんと説明できるようにしておかなければなりません。

また、社会教育行政の予算で難しいのが報償費の要求です。特に、ボランティアやコーディネーターへの謝金については、その内容をきちんと説明しないと認められない可能性が多くあります。

社会教育行政の事業目的は、地域住民の自主的な学習や活動のための環境醸成であり、最終的にはゼロ予算を目指すものが多いと言えます。財政課担当者は時として、「ボランティアなので謝金はいらないのでは？」「住民は生きがいづくりで行っているので予算は無用では？」と指摘されることがあります。

仕組みづくりのためには動き出しの経費が必要であること、ボランティアといえども、責任を持って活動してもらうには少額なりとも謝金が必要であること等、事業の内容に応じた理由を固めて用意しておく必要があります。

また、高度なテクニックになりますが、俗に言う「切り代」を作っておくことも戦術の一つとなります。そもそも、財政課担当者の立場に立ってみると、いくら必要性が高いと認められる事業でも、何も削らないで上司に報告したら、「ちゃんと見ているのか？」と指摘されてしまうでしょう。

そのためには、先の普通旅費や印刷製本費などの経費や報償費の人数などを多少多く積み上げておいて、そこを切らせるということも、一つの方法です。前述のように、そのような費目は職員が汗をかくことで、事業への影響を最小

限にすることもできます。

2　ポンチ絵作成のコツ

（1）ポンチ絵とは

　ポンチ絵とは、一枚の図面で、事業内容や構造を表したものです。

　予算要求を行う際に、予算要求書とともに提示して、事業のイメージをつかんでもらうために作成するものです。語源を調べると、西洋の風刺画に倣って書かれたユニークな画ということで、一般には聞き慣れない言葉ですが、行政では頻繁に使われているのではないでしょうか。

　晴れて予算要求に成功した時には、事業を地域住民や関係者に説明する資料としても利用されるものです。国庫事業の説明資料には、必ず添付されていることは皆さんもご存じでしょう。

　予算要求の際には、このポンチ絵を上手く作るかが成功の決め手となります。その作成のコツを考えていきましょう。

（2）ポンチ絵の種類

　まず、一言でポンチ絵と言っても、大きく分けて二つの種類があるのをご存じでしょうか。図1の二つのポンチ絵を見比べてみてください。おのずと、その違いが見えてくると思います。

　これら二つのポンチ絵は、どちらが優れているというものではありません。それぞれ使用する場面が違うということです。そのためには、この二つのポンチ絵それぞれの利点と欠点を認識しておかなければいけません。

　まず、左側のポンチ絵ですが、事業の構成と内容が事細かく記載されています。したがって、見る人に事業の細部まで伝えることができます。その反面、内容に全く興味がない人にとっては、見る気がしないポンチ絵になってしまうのです。つまり、見る人が読むことを前提とした「説明型」のポンチ絵ということができます。

　一方、右側のポンチ絵は、事業の目的や見込まれる成果等を簡潔に記述し、文字も大きめになっています。そのため、見る人には知ってもらいたい事項を簡潔に伝えることができます。

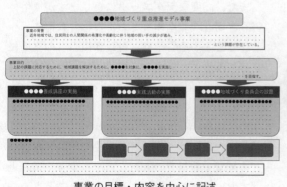

事業の目標・内容を中心に記述
「説明型」

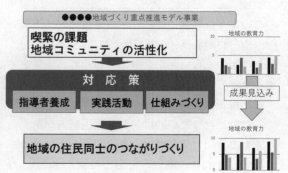

事業の意義・事業成果を中心に記述
「説得型」

図1　ポンチ絵の種類

ただし、事業の細部については盛り込まれておらず、内容を理解している人には物足りない内容かもしれません。そのような点から、見る人の興味や関心を引くための「説得型」と言うことができるでしょう。

(3) ポンチ絵の使い方

この「説明型」と「説得型」の二種類のポンチ絵を、状況に応じて使い分けていくことが、重要なテクニックになります。

例えば、財政課担当者に事業の価値や意義を理解してもらえない段階で、「説明型」のポンチ絵を出しても効果的でない可能性があります。また、前号で述べたように、予算協議は必要最小限の情報提供が原則ですので、余計な情報を与えてしまうことになります。

したがって、財政課担当者の理解が十分に期待できない状況では、「説得型」のポンチ絵で説明することが必要になります。そして、相手の感触を見ながら機を見て「説明型」のポンチ絵を二の矢、三の矢として出していくことが賢明な方法と言えます。

そうして、予算が成立した後は、「説明型」のポンチ絵が、関係者に事業内容を伝えるための資料として活用することができるでしょう。国庫事業で出されるポンチ絵は「説明型」が多いのもこのためです。

ポンチ絵は、経験を積めば積むほど、効果的なものを迅速に作成することができるようになります。それも、追加資料の要求があってから、

数時間以内に出さなければならないというような経験を経て、身につくものかもしれません。作成に当たっては、作り出す前にリーダーや上司にイメージ図を手書きで作成して、チェックを受けた方がいいでしょう。きっと的確な助言を得ることができると思います。

美術の専門家が、「よい絵は、視点が絵の中を自然に回っていく」と言っていたことがあります。良いポンチ絵も、そのように視点がぐるっと回って、内容が飛び込んでくるのが理想なのかもしれません。デザインと内容を十分に検討して、状況にあったよいポンチ絵を作成する必要があります。

次章では、このポンチ絵の作成方法を詳細に説明していくことにします。

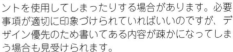

かっこよさよりわかりやすさ

ポンチ絵を作成していると、ついデザインに凝ってしまい、派手なパーツを選んだり見栄えのいいフォントを使用してしまったりする場合があります。必要事項が適切に印象づけられていればいいのですが、デザイン優先のため書いてある内容が疎かになってしまう場合も見受けられます。

ポンチ絵は、財政課担当者がリーダーや課長等に説明する資料と考えれば、美しいデザインだけでは到底成功するものではありません。どちらかといえば、デザインは極力単純にして、キーワードが読む人に端的に印象づけられるように作成していく事が重要です。

高度なデザインが求められるのは、むしろ予算を獲得した後の事業案内や配布チラシの方です。課内や他課、他部局の予算書をめくると必ずポンチ絵が出てきますので、どのようなポンチ絵が作成されているかを把握して、企画する事業のポンチ絵を作成していくと、効果的かつ効率的でしょう。

Ⅱ-8
予算要求をうまく進めるために！
～ポンチ絵の作成の視点と手順～

前章では、予算要求資料におけるポンチ絵の効果等について説明しましたが、
ここではポンチ絵作成についてその具体的な作成方法のツボを示していくことにします。

1　効果的なポンチ絵を作成するために

　ポンチ絵には「説得型」と「説明型」があることは既に説明しました。予算要求において一番の難所は、事業の概要と価値を端的に示した「説得型」の資料作成です。というのも、端的に事業の価値を説明して、予算要求の俎上に載せなければ、何も始まらないからです。

　ここでは、効果的な「説得型」のポンチ絵を作成するために、その具備すべき要件と、作成のテクニックについて説明します。

（1）ポンチ絵が具備すべき要件

　「説得型」のポンチ絵は、予算要求の序盤戦に、課内はもちろん教育総務課の予算担当や財政課の担当者に事業を実施する意義を端的に伝えなくてはいけません。この「説得型」ポンチ絵が具備すべき要件を表1にまとめてみました。

表1．「説得型」ポンチ絵の具備すべき要件

○事業全体の流れが見通せる
○事業を実施する意義が一読して伝わる
○1分以内で全てを一読できる

　これらの要件から、「説得型」ポンチ絵は「相手を引きつけ」「わかりやすく」「時間をかけずに伝わる」ことが重要であることがわかるでしょう。

（2）ポンチ絵の作成のテクニック

　そこで、このようなポンチ絵を作成するには、どのようなことに注意すればいいのでしょうか。表2に必要と思われるテクニックをまとめてみました。

表2．「説得型」ポンチ絵作成のテクニック

○理路整然とした説明を工夫する
○字数をできるだけ少なくキーワードで
　印象づける
○エビデンスを配置して説得力を高める
○見やすいレイアウトを工夫する

　これらのテクニックで、「説得型」のポンチ絵を作成していきます。難しそうに聞こえるかもしれませんが、パターン化して取り組めばそうでもありません。順を追って一緒に作成していきましょう。

2　ポンチ絵の作り方

（1）ポンチ絵の基本構成

　図1に、「説得型」のポンチ絵の基本構成を示してみました。ポンチ絵の作成で迷った時にはまず一度、この基本形に落としてみることです。

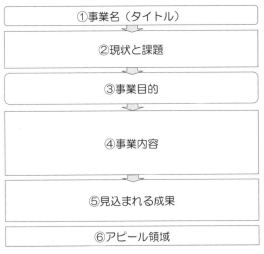

① 事業名（タイトル）

② 現状と課題

③ 事業目的

④ 事業内容

⑤ 見込まれる成果

⑥ アピール領域

図1 「説得型」ポンチ絵の基本構成

表3. 現状で記述するもの

・地域で生じている問題の現状
・これまでの施策の実施状況と解決されていない現状
・関連する国の各種審議会答申や各自治体の社会教育委員会議等の答申等の引用・抜粋
・国や各自治体の世論調査や個別に実施した調査等の調査結果　等

このような流れで事業を表現することで、事業全体が見えてきます。全体が見えてくると、事業の足りないところも見えてきます。足りないところがあれば、事業内容の改善や理論的な補強を行う必要があります。

それでは、この基本構成の一つ一つの記述方法について、順を追って見ていくことにしましょう。

①事業名（タイトル）

ポンチ絵の最上段には事業名を掲げます。事業名は内容がわかるようなものを、とりあえずつけておくことにしましょう。興味・関心を引くような、「奇抜な」事業名をつける場面も目にしますが、事業内容が十分に練れていない場合には、かえってマイナスに作用してしまいます。財政担当者には、そのようなテクニックは通用しないと考えておいた方が無難でしょう。

②現状と課題

事業の査定においては、取り上げる課題が行政が関わって解決すべきものかどうかを吟味されます。そのため、実施を考えている事業を取り巻く現状と課題を端的に示す必要があります。

現状の記述において押さえておきたい事項は次のとおりです。

現状として、どのような問題が地域で生じているかを端的に記述します。状況説明に説得力を持たせるために、国や各自治体の調査結果を添付したり、各種審議会等の答申等で記述されている問題や課題を要約したりすると効果的です。また、視覚的に図やグラフを挿入すると、より分かりやすくなります。この現状を受けて、行政として何が課題なのかを記述します。課題の記述にあたっては、「改善のために何をすべきなのか」という視点で、記述内容を考えると書きやすくなるでしょう。

この課題設定が以降の事業のフレームに大きく影響しますので、担当内で議論しながら慎重かつ戦略的に設定するように心がけましょう。

③事業目的

事業目的は、2の課題を解決する内容を設定する必要があります。事業をとおして「何がどう変わるのか」を端的に示していく必要があります。だらだらと長い文章での記述ではなく、場合によっては箇条書き等で明確に記載するのも一つの方法です。

この事業目的は、次の事業内容に大きく関係する事項ですので、事業内容の作成時にフィードバックしながら、確認や修正を行っていくことが必要となります。

④事業内容

事業内容は、「誰を対象に」「何を」「誰と連携して」「どのくらい」「いくらで（予算）」実施していくかを、記述していく必要があります。この部分は、ポンチ絵の核心の部分になりますので、文章だけでなく図を用いて記述していくと、分かりやすいものとなります。チェックの視点は次の通りです。

・事業の目的を達成する内容か
・事業実施に無理はないか
・成果が期待できるか
・費用対効果は適正であるか　等

そして、事業の「ウリ（強み）」の部分を強調して、文章や図を記述していくことが重要です。例えば、連携体制が斬新なものであれば、連携主体を輪で結んだ図を挿入したり、様々な視点からの取組を行うものであれば、それぞれの取組の関係性を示す図を用意したりと、積極的にアピールすることが大切です。

⑤見込まれる成果

事業を認めてもらうには、事業の成果を客観的に示すことが重要となります。そのためには、事業の評価指標を提示するとともに、目標値を設定すると、より説得力のある事業となります。そして、その見込まれる成果を、ポンチ絵の中に明確に記載することが重要となります。

事業の取組をとおして「何がどうなる」ということを、事業内容を受けた形でわかりやすく記載すると良いでしょう。その際に、数値的なものが設定されていれば、グラフ等の図で表すことで視覚的に訴えることができます。

ただ、確認しなければいけないことは、この見込まれる成果が②の「課題」を解決するものであり、3の「事業の目的」の内容と一致しているかどうかです。基本的には、これらがズレ

ることはあまりないのですが、協議を重ねて事業内容を変更していくうちに、課題や事業目的と微妙に違いが生じてしまうこともあります。そのようなズレは、予算要求の際に足をすくわれてしまうこともありますので、十分注意して作成する必要があります。

⑥アピール領域

ポンチ絵の最下段は、事業の良さや期待される成果をアピールする部分として記載すると、ポンチ絵が引き締まります。5の評価指標の記述よりも大きな視点で事業をアピールする一文が入ると効果的です。また、マスタープラン（総合計画）に設定されている目標などを意識したものを記載することで、予算折衝時に事業の意義を説明する材料にもなります。

（2）作成してみよう！

①当てはめてみる

それでは、これまで説明した事項について、実際にポンチ絵に当てはめながら、そのイメージを作成したものが図2になります。内容はあくまで仮定の事業ですが、指摘した事項を埋めていくだけで、ポンチ絵らしくなるのではないでしょうか。

もし、ポンチ絵の作成に困ったら、図1のフレームに当てはめて、図2のようなポンチ絵を作成してみてください。とにかく手を動かしていくことが大切です。そして、粗々のものを作成したら、同僚や上司に意見を求めて、少しずつブラッシュアップしていくことが重要です。ただ、場合によっては財政課担当より数時間での提出を求められます。そのような際には、担当者が味方になっている証拠ですので、急いで総力を挙げて作成しましょう。

②ポンチ絵は複数用意

ここでは、事業全体を示す「説得型」のポンチ絵の作成について説明してきました。ただし、予算折衝においては、このポンチ絵だけで済むことはあまりなく、個別の取組や年次経過、運営体制等のポンチ絵を別途作成することもあります。

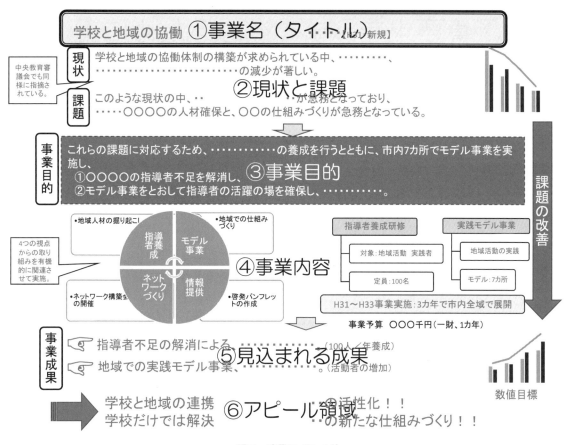

図2　実際のポンチ絵

　その際にも、資料を要求する人の意を十分に汲んで、説明しやすい資料の作成に心がけてください。基本的なノウハウは今回説明したもので十分ですので、自信を持って取り組んでください。

　ポンチ絵の作成は、習うより慣れろという性格のものかもしれません。自分で見ていいと思えるポンチ絵を真似て作成していくことから始めてみてはいかがでしょうか。

アドバイス 11

ポンチ絵の大きさは？

　ポンチ絵を作成していくと、いろいろな情報を入れたくなるため、文字が小さくなってしまうときがあります。そうかといって、ポンチ絵の構成を変更したくないことから、用紙のサイズを一回り大きいものにして作成したことがあります。

　どうにか担当者協議を乗り切り、財政課長協議に漕ぎ着けたときに、驚きの状況に気づきました。それは、説明資料の中のポンチ絵が、予算書と同じ大きさに縮小されて綴じられていたのです。その結果、ルーペで見なければならないような文字の大きさになり、口頭で補足しなければならない状況でした。

　そこでの教訓として、ポンチ絵の大きさは予算書の大きさと同じにすること。どうしても足りない場合は、複数枚に分けて作成することが重要であるということです。オールインワンのポンチ絵は、全体を見渡せるメリットがある一方、細かい説明には向いていないということです。

　したがって、全体の構成を見渡すことができるポンチ絵と、取組の細部を示すポンチ絵を分けて作成する方が確実な方法であると言えます。

II-9
予算要求をうまく進めるために！
～説明資料の作成を求められたら！～

予算要求において、追加資料を求められるということは、財政担当者が事業をより深く理解したいと感じていることですから、効果的な資料を作成して提出したいのものです。
本章では説明資料を作成するツボについて述べてみます。

1 事業の必要性について求められたら

客観的根拠に基づく政策立案いわゆるＥＢＰＭ（Evidence-Based Policy Making）が求められる中、成果が見えにくいといわれている教育政策においても、しっかりとしたデータ等を示しながら施策立案を行っていくことが求められています。

エビデンスについては、II部第4章において「集める」「調べる」「つくる」の視点から説明しましたが、集めたエビデンスを上手く組み合わせながら、説得力のある予算要求のストーリーを描き、資料を作成していくことが大切です。

そのためには、集めたエビデンスがどのような影響力を持っているかを把握しておく必要があります。一般に事業の必要性を示すためには、次のような順番でデータ等を提示します。

> ①法律・国の審議会答申
> ②自治体のマスタープランや社会教育計画等
> ③社会教育委員会議等の答申
> ④事業に関する状況調査
> ⑤近隣の自治体の状況

1、2はいわゆる「集める」エビデンスであり、国や自治体の目指す施策の方向性であること

を訴えるものです。

1の法律については、社会教育行政はいわゆる「規制行政」や「給付行政」等と違って、強力な法律に基づいてはいません。したがって、法律だけで決め手になることはありませんが、事業が法律や国の審議会の方向性と一致していることを担当者に示すことは、事業の基盤がしっかりしていることを印象づけることができます。

併せて2の、自治体のマスタープランや社会教育計画等における位置づけを明確にすることで、行き当たりばったりの施策ではないことを示します。計画内に企画立案する事業内容が色濃く記載されていれば、事業化の可能性は高まります。

ただし、これら2つのエビデンスだけでは不十分なことも多く、他のエビデンスと組み合わせながら説得力を高めていく必要があります。

3の社会教育委員会議等の答申等については、実施しようとしている事業が、その自治体において求められているものなのかを説明するエビデンスとなります。地域住民の代表である社会教育委員会議等の答申は、民意として扱われますので、戦略的な審議と答申作成が重要となります。

ただし、ここまでのエビデンスで財政担当者が事業化を認めてくれるのは難しく、より具体的なデータが必要になります。

そこで、４の事業に関する統計資料やアンケート調査等の調査データにより、事業化のための客観的なエビデンスを示していく必要があります。状況調査については、本年の４月号で説明しましたが、事業化に向けてきちんとした仮説を立てて、それを裏付けるような調査項目で調査を行う必要があります。

この状況調査において、事業で解決を目指す課題が喫緊であることを示す説得力のある数値を得ることができれば、事業化への可能性が大幅に高まっていくことでしょう。何といっても数値の説得力は大きなものがあり、財政担当者も上司に説明しやすくなります。

概ね４までのエビデンスの提示で、その事業の採否が決定しますが、それでも納得してくれない時のデータとして、５の近隣自治体の状況の提示があります。財政当局は、近隣自治体よりも取組が遅れていたり、状況が悪いことを気にかける傾向があります。

時に、取組の先駆性を示すよりも、取組の遅れを指摘した方が有効な場合もあります。近隣自治体における同様の事業や、同じ趣旨の取組について状況を把握し、自分の自治体の弱みを指摘することが、最終手段となります。

以上のように、事業の必要性を問われたときには、様々なエビデンスを今回例示したように組み合わせて、説得力のある説明資料を作成しましょう。

2　いつまで実施するかを求められたら

事業を実施する必要性と併せて、事業全体のフレームを確認されることがあります。つまり、何年計画で何をどこまで実施するのかという、ロードマップの提示を求められることが多々あります。ただし、自治体の事業では、何年にもわたって実施することを想定した事業を予算化することは難しいと思った方がいいでしょう。

図１は３年計画の事業の年次計画を示したものです。それぞれの年度を、「指導者養成」→「モデル展開」→「普及・展開」の段階で示しています。こうすることで、財政課担当者は事業がいつまで実施されるかを分かりやすく捉えることができます。

この他に社会教育行政の事業でよく使われる３年間事業の予算取りストーリーの例をいくつか示してみます。

地域課題解決学習を通した地域づくり実践事業年次計画

1年目

【指導者養成講座】
対象：団体指導者
　　　地域活動者
場所：研修センター
回数：全５回講座
人数：５０名

2年目

【重点モデル事業】
対象：地域住民
場所：モデル公民館
地区数：５地区
想定参加者：250名
※養成講座参加者が企画

3年目

【地域づくり実践事業】
対象：地域住民
場所：各公民館
地区数：全地区
想定参加者：1,000名
※優良事例の表彰も行う

指導者養成 モデル展開 ➡ 普及・展開

図１　３カ年事業の年次計画（例）

○①「プログラム開発」→②「指導者養成」
　→③「普及・展開」
○①「学習機会提供」→②「サークル化」
　→③「自主的活動」
○①「推進会議の設置」→②「モデル事業
　の実施」→③「地域の仕組みづくり」
○①「啓発資料の作成」→②「学習機会の
　提供」→③「自主的な学習機会」

　このようなストーリーで事業の展開を描いて、予算要求を行っていきます。ただし、事業を企画・立案する担当者としては、このような理想的な「美しい」ストーリーを描いてしまって、本当に実施できるのだろうかという不安が出てくると思います。

　私のこれまでの経験では、多少無理と感じて予算要求したものも、概ね実施できたと感じています。「予算要求のためのストーリー」という言葉もあるように、たとえうまくいかなくても、運用の段階で何らかの工夫をすれば、説明のつく展開ができるものです。

　予算要求時は、自分が描くことができる最大限の理想を求めて、予算成立を目指していくことが大切です！

　また、事業を企画・立案していると、３年間ではなく、何年も継続して続けていきたい、続けていくべき事業と考えるかも知れません。欲を出して５年10年の事業として立案する場面も目にしますが、現実的に３年までの事業として企画・立案することが賢明でしょう。

　その理由としては、現在の各地の自治体における財政状況は、必ずしも良いとはいえないため、事業予算は縮小傾向にあること。行政事業全体として適正な事業評価が求められており、長期事業の成果は予想しづらいこと。事業年度が増えるほど、年度ごとの展開ストーリーが描きづらくなり、財政担当者が理解しづらくなること。などが挙げられます。

　３年事業として成立させて、きちんとした事業評価を行いながら事業の価値を高め、３年実施したら「この事業をやめてもいいのですか」という状況を作って継続を狙っていく方がより現実的で賢明であるといえます。

３　評価指標について求められたら

　事業を成立させるには、評価指標が適正かつ分かりやすく設定されているかどうかが最後の決め手となります。事業評価については、本年４月号で説明しましたが、マスタープランや教育振興基本計画に色濃く位置付けられている事業以外は、評価指標が十分に設定されていないのが実情だと思います。

　しかしながら、奨励を意図する社会教育行政だからこそ、しっかりとした評価指標を設定していく必要があるのです。

　様々な参考図書において、「アウトカム評価」の必要性が示されています。確かに、「何をやった」ではなくて、「何がどうなったか」を評価することが大切です。ただし、指標がアウトプットからアウトカムになるほど、事業との関連性があいまいになり、分かりづらくなってしまうのも事実です。

　したがって、まずはきちんとした分かりやすい「アウトプット指標」を設定することが大切であり基本となります。そして、その後に最終的なアウトカムにつながるまでの、分かりやすい「中間的なアウトカム」をいくつか設定していくことが重要なノウハウとなります。

```
ア    ┌─────────────────────┐
ウ  ↑ │ 指導者養成講座の実施回数       │
ト    ├─────────────────────┤
プ    │ 指導者養成講座への参加人数      │
ッ    ├─────────────────────┤
ト    │ 学習を実施できるようになった指導者数 │
      ├─────────────────────┤
      │ モデル事業に協力する指導者数     │
      ├─────────────────────┤
      │ モデル事業の実施回数         │
      ├─────────────────────┤
      │ モデル事業に参加した住民の人数    │
      ├─────────────────────┤
      │ 地域づくり実践事業への参加者数    │
      ├─────────────────────┤
      │ 地域課題に関心を持つようになった参加者数 │
      ├─────────────────────┤
ア    │ 地域課題の解決に意欲を高めた参加者数 │
ウ    ├─────────────────────┤
ト    │ 地域住民参画による講座の実施数    │
カ    ├─────────────────────┤
ム  ↓ │ 地域住民の主体的な地域づくり活動数  │
      └─────────────────────┘
```

図2　評価指標の設定（例）

　図2に「地域課題解決学習によるまちづくり実践講座」の評価指標を例示しました。この例から分かるように、「指導者養成講座の実施回数」のアウトプットから、最終アウトカムである「地域住民の主体的な地域づくり活動数」まで、様々な指標が想定されます。

　予算要求では、このような指標のうちいくつかを提示しながら行っていくことが効果的です。ただし、唐突に「地域住民の主体的な地域づくり活動数」を掲げても、他の事業成果も影響する指標となっているため、財政担当者には理解しづらいでしょう。

　したがって、「モデル事業に参加した住民の人数」や「地域課題に関心を持つようになった参加者数」等にとどめておくと理解されやすいかも知れません。

　ただし諸計画との関連性を明確にするため、最終アウトカムは計画等に掲げられている施策目標に設定することが最も分かりやすく戦略的な方法といえるでしょう。

　いずれにしても、評価指標については、説得力があるもので、無理のない、事業実施者にとってマネジメントしやすい、都合の良いものを設定することが大切です。

4　目標値について求められたら

　最後に企画担当者が悩むのが、指標の目標値の設定についてです。高く設定をしてしまうと、事業の展開に苦労するとともに、事業の存在価値が疑われてしまいます。そこで、設定の際には次のような方法が考えられます。

┌─────────────────────────┐
│ ・可能な限りシミュレーションを行う   │
│ ・類似の事業で推測する   │
│ ・他自治体の事業の数値から推測する   │
└─────────────────────────┘

　何よりも、可能な範囲でシミュレーションを行うことです。シミュレーションは計算だけではありません。数値をグラフ化して視覚的に捉えてみると、その設定が可能なのか無謀なのかがなんとなく見えてきます。

　また、類似の事業や他自治体の事業の数値を収集して、現実的な値を設定していくことも、堅実な目標設定になるでしょう。

　予算要求は地道な作業の積み重ねです。途中で諦めることなく、楽しみながら取り組んでいきましょう。

コラム7

予算取りのストーリーが生じる訳

　予算要求は議会の承認が得られるまでは確定ではなく、取扱注意で進められることが多い状況です。そのため実施機関が効果的に事業展開ができるよう、予算要求のストーリーとは若干違っても、実施機関の意向を踏まえた展開ができるように配慮する必要があるからです。

　もう一点は、描いたストーリーのような事業展開はできないとわかっていても、そのストーリーであえて予算要求をして、会計監査で指摘されない範囲で違った事業展開を行うということも一つの戦法として行われる場合もあるからです。

Ⅱ-10
事業の点検・評価を進めるノウハウ！

施策・事業の企画・立案段階で、その点検・評価をどう行っていくのかを同時に考えていく必要があります。成立して事業においても、内容等の見直し、予算の拡充、事業予算の確保等が想定され、その際には事業の評価をきちんと行っていることが前提条件となります。

1 実践的な点検・評価とは？

(1) 事業の成果を顕在化する

　まず、点検・評価の目的の一つには、「事業の成果を顕在化すること」が挙げられます。つまり、実施した事業が目的をどれだけ達成したのかを可視化するということです。もう少し具体的に言うと、「良かったを形にする」のです。そうすることで、取組の成果を地域住民等に示すとともに、財政当局に予算が有効に活用されていることを示すことができます。その結果、現行事業の継続や事業拡充のための予算要求が可能になっていきます。

　しかしながら、現状では「教育の成果は測るのが難しい」との観点から、他分野と比較して、評価が十分に進んでいないと各方面から指摘されているところです。

　社会教育行政のプロであるならば、住民の皆さんが生き生きと活動し、成果をあげている事業であればあるほど、正しく評価して、さらなる事業の発展・拡充につなげていきたいものです。

(2) 事業の課題を明らかにする

　もう一つの目的は、「実施した事業の課題を明らかにして、以降の取組をどのように改善すれば効果的・効率的かを計測・判断していくこと」が挙げられます。

　事業実施の状況を把握するために、事業終了時等にアンケート調査を行うことがあると思います。そのアンケートには、事業の成果を測る事項は必ず盛り込まれているものと推察しますが、併せて、考えられる課題の原因、解決のためのヒントを探るような事項は盛り込まれているでしょうか。

　上手くいった要因は何なのか、失敗した原因は何なのかが明らかにできるようアンケートを実施していくことが必要です。

　このような取組を積み重ね、事業の充実を図っていくことが、地域住民にとって、より良い社会教育活動の環境づくりにつながっていく重要な視点となります。

2 何をどう測れば良いのか？

　それでは、このような点検・評価を行っていくためには、何をどうすれば良いのか考えていきましょう。

(1) 事業の成果を測るには

　まず、事業の成果を測るという点で述べていくことにします。これは、財政当局に対して、事業の存在意義をいかにデータで示せるかという視点が、特に重要になります。前提として、「都合の良いデータをより多く集積する」のですか

ら、多面的な切り口によって調査を実施することがコツと言えます。

とはいえ、事業終了後の短い時間でアンケートに協力してもらうとなると、質問項目の精選も必要です。そのため、事業成果を測るために何を質問紙に盛り込んでいくかが鍵となります。

それでは、複数回にわたって、同じ参加者により「地域コーディネーター養成研修」を実施、全員が無事修了したと想定して、そのアンケートの内容を考えていきましょう。

ここで、よく目にする質問項目は以下のような内容ではないでしょうか。

・研修は有意義だったか
・研修で得るものがあったか
・どの講師の話が良かったか
・他の研修に参加してみたいか

これらの事項は、必ずと言ってよいほど、質問項目に挙げられています。ただし、これらの項目では、参加者からいくら良い回答が得られて企画担当者の達成感を得る材料になったとしても、財政当局に対しては、戦略的に有効な項目とは言えないのです。

その理由は、研修の事業目標を捉えた質問になっていないからです。「地域コーディネーター研修」の目的は、次のようなもののはずです。

○地域コーディネーターとして活躍するための知識や技術の習得
○地域コーディネーターとして地域で活躍しようとする人材の育成
○地域コーディネーターとして活躍するためのネットワークづくり

前述の質問項目は、この事業目標を測るものになっていないことがわかります。財政当局が事業の存在意義を確認するのは、この事業目標がいかに達成されたかという点です。そのようなことから考えると、次のような質問例の方が、効果的ではないでしょうか。

---

1 地域でコーディネートを行う上で役立つ知識等が身についたか
2 受講して、地域コーディネーターとして活動してみたいと思うようになったか
3 受講して、活動につながるような人材と知り合うことができたか

このような質問項目についての良好なデータが得られれば、胸を張って次回の予算折衝に望むことができるでしょう。

つまり、事業の成果を示すデータを収集するには、事業目標に沿った質問項目を設ける必要があることを押さえておきましょう。

(2) 要因を明らかにするには

前述のとおり、アンケートには事業成果を測るためだけでなく、事業改善の材料を得る目的でも実施する必要があることを確認しましょう。

事業成果の評価が、事業を固めるための財政当局向けの評価だとしたら、事業の課題を明らかにして事業内容の充実を図っていく評価は、参加者や住民向けの調査であるとも言えます。

そこで、先ほどの事業の成果を測るための質問項目が、どのような要因で表われているか等についての質問項目を併せて設定しておくことが重要になります。

つまり、何が良い結果をもたらしたのか、改善のために何をすれば良いかということを明ら

かにしていくということです。往々にして、アンケートでは参加者の感想や成果に気持ちが取られてしまい、事業の内容改善に関する事項が抜け落ちてしまうことがあります。

それでは、先ほどの地域コーディネーター養成研修の例では、どのような質問項目を設ければ良いのでしょうか。

---

1 プログラムの内容は役に立つものだったか
2 講師の説明はわかりやすかったか
3 配布される資料はわかりやすかったか
4 演習の内容は参考になったか
5 学習の環境が整っていたか

上は一例ですが、参加者を取り巻く様々な学習環境等について質問しておくことが、アンケート結果を多面的に評価することにつながります。

以上のように、成果と要因を調べるアンケートを実施し、双方を計測することが大切です。

3　質問紙の結果を無駄なく生かす

参加者に協力してもらって得られた貴重な結果については、漏れなく生かして、以降の事業改善につなげていきたいものです。そこで、得られたデータをどのように生かしていくかを例示して、説明していきたいと思います。

（1）単純集計

まず、選択肢ごとの回答数を調べ、割合をパーセントで表したり、平均値を出したりする方法です。結果を端的に示すものであることから、わかりやすい集計結果であるといえます。良い結果であればあるほど、グラフ等で視覚的に示すことにより、事業成果を強調するものとなります。

（2）クロス集計

クロス集計とは、質問項目間の関係を調べるもので、単純集計より深く分析を行うものです。前述の「地域コーディネーター養成研修」の例では、「Ⅰ地域でコーディネートを行う上で役立つ知識等が身についたか」という質問で、「身についた」と答えた人の回答を抽出して、「1プログラム内容は役に立ったか」の回答状況を集計すると、「プログラム内容がどれだけ知識等の習得につながったか」ということが分かるようになります。

その他、多様な質問項目の組み合わせが考えられ、単純集計よりも詳細な状況を掴むことができるようになります。この時に、決め手となるのが1〜5のような要因を聞く質問項目を設定しておくことです。そうすることで、分析の範囲が大きく広がります。

（3）各種分析

その他の分析として、1〜3のような事業目標（目的変数）に、1〜5のどの要因（説明変

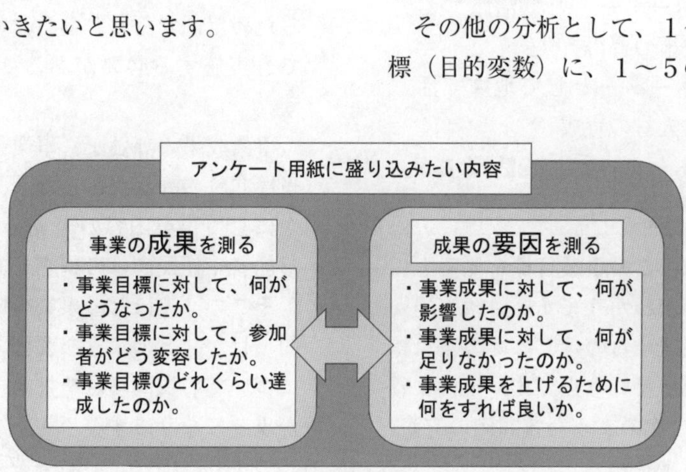

図1　アンケート用紙に盛り込みたい内容

数）が強く影響しているかを解析する「重回帰分析」の解析方法があります。この分析を行うと、事業の成果に影響した要因を数量的に把握することができます。

今回の例で説明すると、「コーディネートの知識等の習得には、演習、プログラム内容、講師の説明の順に影響が強く、学習環境はあまり関係なかった」というような結果が得られます。このような結果は、以降の研修内容等を考える上で非常に有効な基礎データとなるでしょう。

なお、このような分析は、統計処理の基礎的な知識と技術が必要となります。自分で学習するのも良いですが、近くには得意な人がいるはずです。また、都道府県の生涯学習推進センターや、国では社会教育実践研究センターなど、シンクタンク機能を有する施設の職員に頼っていくと、教えてくれる人に出会うことができるでしょう。できれば、アンケート用紙を作成する前の段階で相談してみたいものです。

以上のように、得られたデータは「骨まで食べ尽くす」ことで事業の改善につながっていきます。

4　得られた結果を生かし尽くす

（1）事業の充実・拡大等に

このようにして得られたデータは、事業拡充のための貴重なエビデンスになります。「都合の良いデータ」を前面に出しながら、予算要求等の場面で活用していきましょう。

データをグラフ化して予算要求のポンチ絵（Ⅱ部第8章参照）に落とし込めば、見違えるほど説得力のあるものになります。

なお、事業は拡充ばかりではありません。廃止したくても廃止できない事業のスクラップにおいても、廃止するためのデータの蓄積による理論構築が必要です。

（2）重点事業への位置付け

社会教育行政職員として予算の獲得だけでな

く、成果をあげた事業については、課はもちろんのこと、教育委員会事務局の「重点事業」として位置付けを目指していくことが重要です。

課の予算枠で立ち上げた事業であっても、その成果等がきちんと評価され、重要な取組と認められれば、教育委員会事務局としての重点事業になります。そうすることで、事業の足場をより強固なものにすることができるのです。収集したデータを提示しながら、教育総務課等に働きかけて、重点事業への位置づけを目指していきましょう。

（3）計画への位置付け

さらに、重点事業への位置付けができれば、教育振興基本計画や総合計画の年次計画の中に関連事業として位置付けることも可能になります。そうすることで、更に事業の足場が固まっていきます。中期計画への事業の位置付けは、計画の策定時だけではありません。「評価をして計画にねじ込む」そのような姿勢で評価に取り組んでいきたいものです。

アドバイス 12

定性評価と定量評価

評価には客観的な数量のデータで示す定量評価と、感想や意見などの記述による定性評価があります。具体的な数値で示される定量評価の方が、会計監査や次年度の予算要求の場面などでは活用しやすいと言えるでしょう。

しかし、評価は多面的に行った方がより正確なものとなります。定量評価の背景を定性評価である記述文から読み取っていくことも有効なものとなります。

また、最近では記述式の回答を分析して、その傾向を分析できるソフトウェアも開発されています。そうすることで、定性評価を定量評価的に扱うことができるようになります。得られたデータを少しでも有効活用していきましょう。

社会教育行政に携わるということ

本書では、社会教育行政職員が経験によってのみ得られる「暗黙知」を「形式知」として表現することを試みたものです。お読みいただいた皆さんは少しでも参考になる部分があったとしたら、筆者としてこの上ない喜びです。

最後に、空想の物語からこれからの社会教育行政について考えてみましょう。

２０××年の日本

地球上では、AI（人工知能）が発達し、人々のよりよい暮らしを支援している。この平和な暮らしは、平穏に訪れたわけではなく、Society5.0の中で、AIを悪用し平和を乱す勢力に、善良に推進しようとする勢力が勝利し、地球上は善良なAIが学習を重ね、悪のAIを絶えず駆逐し、平和な社会を支援している。

人々は、スマホよりも軽快なウェアラブル端末を所持し、イヤホン無しに骨伝導により、簡易に対話ができるようになっている。AIは人々に物事の好機や危険を知らせるとともに、適宜適切な助言をしてくれる。

学びたいと思えば、画面と音声でその人に応じた学習コンテンツを提供してくれる。それも常日頃から、絶えずその人のニーズを生活状況から把握しているからである。

教育はAIが究極の個人学習を実現し、個人の理解度に応じたコンテンツを提示してくれる。そのため、一斉授業が姿を消すとともに、AIとのやりとりの中で、学習成果が適切に評価され、何を覚えているかではなく、何ができるようになったか、何に関心を持っているのか、何をしたいのかが重要な学習評価の視点になっている。

学校教育も姿を変え、文部科学省は世の中の状況を踏まえて、各発達の段階で到達すべき知識や技術をガイドラインで示すことが大きな役割となった。学校はこれまでの学年やクラスという枠組みではなく、同じことを重点的に学び

たい者同士が柔軟に集まっては解散していくクラス編成となり、月に何度か集まる程度になっている。

大学入試も形を変え、入学のための試験は、AIによる受験資格の確認と時間をかけた口頭試問が一年中いつでも受けられる。その結果によって、適切な大学・研究者を紹介してくれるとともに、入学許可が出される。

既に学歴は姿を消し、ここでも、何を学んでいるか、何ができるのか、何をしたいのかが重要な評価基準になっている。

企業の入社においても、働いて何に喜びを感じるのか、その会社の製品の製造や販売、もしくはサービスの提供にどれだけやりがいを感じるかがAIの口頭試問により判断され、採用の合否が決まっていく。

そのような状況において、AIに支配されていると感じる者は、ウェアラブル端末を地面にたたきつけるが、すぐに新しいものを買うことになる。端末を外した後に訪れる様々な不幸によって、AIは自分のためにしてくれていると実感するからだ。

そのような中、AIは時折おかしな指示を出すと皆が言い始めた。「隣の家に行って話をしてきなさい」「散歩をして会った人に声をかけなさい」
等々……。

そしてついに、国家戦略を考える内閣府を支援するAIが、「公民館をつくりなさい」「青少年教育施設をつくりなさい」と矢継ぎ早に提案するようになった。内閣府の担当者も最初は相手にしていなかったが、繰り返されるAIの提案に、人々の本当に豊かな暮らしとは、人と人との交流によってのみ得られるものだと認識せざるを得なかった。

内閣府からの指示により社会教育に関する取組の推進が国策として推進されることとなった。

その頃、職業能力開発セクションと合併され、縮小されていた文部科学省が改めて注目され、豊かな暮らしの実現に向けた体制整備を行うことになった。

人々が本当の豊かな暮らしを実現する、ヒューマンコミュニケーション社会（Societyx）の到来である。

※この話は筆者によるフィクションであり、内容、登場する人物や機関等については全て架空のものです。

大変稚拙なショートショートで失礼しましたが、このような時代の中で、社会教育行政は何をすべきなのかを考えてみてください。

このよう時代であっても、社会教育活動は大変重要なものとなっていくと私は考えます。

文章の中で、学習情報提供、学習評価、学んだ成果を生かすこと、人と人とのつながりを作ること等々については、これまで生涯学習・社会教育行政が取り組んできたことです。

文中のように、学校教育は制度的なものであるため、その役割や形は大きく変わりますが、社会教育は人々の自主的な学びを旨としているため、その役割自体は大きく変わることはないと予想しています。

つまり、どんな社会状況においても、いつの時代においても、社会教育活動は、求められていくものと思います。ただし、それらの社会教育活動が社会教育行政に期待されるかは別問題だということです。

それでは社会教育行政が、その期待される存在になるためには何が必要なのかを考えてみましょう。

期待される存在になるために！

私が先のショートショートでお伝えしたかったことは、社会教育行政はいつの時代も「出番」であるということです。しかも、子供から高齢者まで、生涯を通じた学習活動を支援しているという点です。

しかしながら、首長部局への移管、他部局との棲み分け、予算と人員の削減等、いつの時代も「ピンチ」の状況も同時に指摘されているのです。

社会教育行政には「ヒト：社会教育主事等、公民館利用者等」「モノ：公民館、図書館、博物館等」「コト：参加型学習の手法、学習プログラム等」の強みがあると述べさせていただきました。

これらの強みを生かして、人々の学びの充実や、地域でのつながりづくりをしていくことこそ、社会教育行政職員のミッションなのです。国、都道府県、市町村の社会教育行政職員が力を合わせて、取り組んでいきましょう。

そこで心に留めていただきたいことは、社会教育行政には指導要領的なものが存在しないため、何をしなければいけないというものはありません。

その不明確さが弱みと見える向きもありますが、必要と思うことは何でも実施することができるという強みとして捉えることもできるでしょう。

つまり、社会教育行政職員は、地域の未来を見通して、先駆的にそして機動的に取り組むことができるということです。これまでも、人権問題や環境問題、高齢化の問題等々、社会教育行政がどの局よりも先に、先陣を切って取り組んできました。

このような、地域住民の課題であれば、どのような分野でも教育という視点からであれば、取り組むことができるという強みを生かしていっていただきたいのです。

是非、ミッションを常に頭に置きながら、その実現を目指した取り組みを進めてください。「公民館は人と人とをつなぐ施設ですよね」「地域を元気にする施設ですよね」と言われるような取り組みを目指していただければと思います。

最後に、雑誌「社会教育」連載時に本稿のチェック修正を行っていただいた、前国立教育政策研究所社会教育実践研究センター社会教育調査官の二宮伸司氏をはじめ、同専門調査員の皆様に感謝申し上げます。また、挿絵を制作して頂いた栃木県庁職員の山田由紀氏にも併せて感謝申し上げます。

井上昌幸 （いのうえ　まさゆき）

栃木県公立学校教員、栃木県教育委員会事務局生涯学
習課社会教育主事、文部科学省国立教育政策研究所社
会教育実践研究センター専門調査員・社会教育調査官、
栃木県立足利工業高等学校教頭等を経て、現在は栃木
県総合教育センター生涯学習部長、八洲学園大学非常
勤講師

これまでの主な役職
文部科学省中央教育審議会生涯学習分科会専門委員（第5期、第7期）
文部科学省国立教育政策研究所フェロー
日本生涯教育学会常任理事
高崎経済大学非常勤講師

イラスト：山田由紀

社会教育行政の基本・実務ガイド
『社会教育行政職員のための「虎の巻」』

発行日　2020年4月7日（初版）
　　　　2022年5月10日（第2刷）

著　者　井上昌幸
発行所　一般財団法人日本青年館「社会教育」編集部
　　　　〒160-0013　東京都新宿区霞ケ丘町4-1
　　　　TEL　03-6452-9021　　FAX　03-6452-9026
　　　　https://www.social-edu.com
印　刷　日本印刷株式会社
ISBN　978-4-7937-0139-9

定価1,100円（本体1,000円+税10%）